감각
자본

감각 자본

본질의 미학

김지수 지음

포르체

프롤로그

"나는 무엇을 소비하고 있는가?"

커피숍에서 메뉴판을 보며 잠깐 망설이는 순간이 있다. 에스프레소를 마실까, 아니면 드립 커피를 마실까. 이 순간의 선택이 단순히 카페인에 대한 욕구만은 아니라는 걸 깨닫게 된다. 어떤 맛을 원하는지, 어떤 기분으로 하루를 시작하고 싶은지, 심지어 어떤 사람으로 보이고 싶은지까지, 그 작은 선택 안에 내가 모두 들어 있다.

우리는 매일같이 무언가를 선택하고 소비한다. 아침에 입을 옷을 고를 때, 출근길에 들을 음악을 정할 때, 점심 메뉴를 결정할 때, 퇴근 후 들를 서점에서 어떤 책을 집을 때, 주말 오후에 향할 동네를 정할 때조차 우리는 어떤 미감, 어떤 정서, 어떤 의미를 따라 움직이고 있다. 그 선택들은 무작위가 아니다. 그 안에는 각자가 축적해 온 경험과 감각, 그리고 모르는 사이에 형성된 어떤 일관성이 있다.

선택은 반복되고, 반복은 흔적이 되며, 흔적은 곧 정체성이 된다. 즐겨 찾는 카페의 분위기, 자주 걷는 골목길의 질감, 반복해서 듣는 음악의 장르, 서재에 꽂힌 책들의 성격. 이 모든 것들이 모여 한 사람을 규정한다. 곧, 우리는 물건을 사는 것이 아니라 감각을 수집하고 있다. 경험을 축적하고 의미를 만들어 가고 있다. 우리는 우리가 소비하는 것들로 이루어진 사람들이다. 동시에 우리가 소비하는 것들은 우리가 누구인지를 끊임없이 말해 준다.

오늘날 소비는 자신만의 세계를 구축하는 방식이다. 어떤 브랜드를 선택하는지, 어떤 공간을 선호하는지, 어떤 경험에 돈을 쓰는지. 이 모든 것이 하나의 언어가 되어 내 존재를 설명한다. 하지만 이 언어는 때로 우리 자신도 완전히 해독하지 못한다. 왜 그 색깔에 끌리는지, 왜 그 향기에 마음이 움직이는지, 왜 그 공간에서 편안함을 느끼는지. 또한 종종 혼란스럽다. 진짜 내가 원하는 것과 남들이 원한다고 생각하는 것 사이에서, 내 취향과 유행 사이에서, 개성과 소속감 사이에서 끊임없이 줄다리기를 한다.

이 책은 그런 혼란 속에서 자신만의 감각과 취향을 발견해 가는 여정을 기록한 것이다. 소비를 매개로, 감각의 층위와 문화의 결을 따라가다 보면 결국 삶의 태도, 세계를 인식하는 각자만의 방식이 떠오른다. 무엇을 아름답다고 느끼는지, 어떤 풍경에 머무는지, 어떤 음악을 끝내 다시 재생하는

지를 들여다보면 지금의 자신, 그리고 곧 펼쳐질 미래의 자신을 더 명확히 이해하게 된다. 좋아하는 것들 안에는 되고 싶은 사람의 모습이 들어 있다. 피하는 것들 안에는 두려워하는 것들이 들어 있다. 때로는 자신의 취향이 당황스럽게 만들기도 한다. 왜 이런 걸 좋아하지? 왜 다른 사람들이 좋아하는 걸 별로 좋아하지 않지? 그런 순간들이 오히려 더 깊이 들여다보게 만든다. 취향은 때로 설명하기 어렵다. 하지만 그 설명하기 어려운 것들 안에 가장 진실한 자신이 숨어 있다.

  취향이라는 것은 결국 선택의 패턴이다. 그 선택이 쌓여서 개인의 스타일이 만들어지고, 그 스타일이 곧 그 사람의 정체성이 된다. 이 책은 그런 상호작용 속에서 자신만의 감각 언어를 발견해 가는 이야기이다. 취향은 진부할 수 있다. 누구나 좋아하는 것을 좋아하고, 유행을 따라가고, 안전한 선택을 할 수 있다는 말이다. 하지만 감각은 언제나 새롭다. 같은 커피를 마셔도 오늘의 맛은 어제와 다른 것처럼 같은 길을 걸어도 계절에 따라, 기분에 따라, 함께 걷는 사람에 따라 전혀 다른 풍경이 된다. 본질을 파고드는 취향과 감각의 세계를, 이 책을 읽는 당신과 함께 나누고 싶다.

목차

프롤로그 5

1장
일상의 발견
디럭스와 럭셔리는 같은 말이다 12 | 나무를 태우다 17 | 오래된 물건 이야기 24 | 예술의 일상화 38 | 영화를 폭넓게 즐기는 법 42 | 걸어야 비로소 보이는 것들 54

2장
사람을 읽는 감각: 현재를 읽는 문화 소비의 최전선
일본의 공학 사랑 68 | 단 하나에 끌리는 이유 73 | 자아는 이기적이지 않다 78 | 향수를 부르는 음악 83 | 행복 순위 꼴찌인 선진국 92 | 독서가 필요한 이유 99 | 불행한 천재를 만든 것은 시대였다 108 | 워라밸보다 중요한 것 114 | 말년에 성공한 이들의 '삶의 비밀' 119

3장
미래라는 감각: 오늘과 내일의 경계에서
마음을 돌보는 오래된 기술 124 | AI를 모르는 사람은 미래를 걱정해야 할까? 128 | 플랫폼 권력 흥망사 138 | 상처를 기억하는 DNA 147 | 한국 팝의 열정이 녹아든 장소를 찾아서 152

4장
간극과 경계: 창작과 몰락의 진자 운동

창작자들 이야기 160 | 힙하다는 유머 168 | 허상의 시대 178 | 서평을 남기는 이유 188 | 절벽마을의 도시재생 201 | 청와대의 인테리어와 가구는 짬뽕 206 | 술에 얽힌 세계관을 읽는 법 214

5장
특별한 호사: 술과 음식, 그리고 그 이상

감각의 본질 232 | 하이보루와 하이볼 240 | 어싱 245 | 오감유희 251 | 세상을 호령했던 제국의 심장으로 255 | 작은 책상 콘서트 259 | 취향은 소비다 264 | 위스키 센스 앤 센서빌리티 277

6장
나만의 애호를 살아내는 법

쌀 농사는 관계주의 밀 농사는 개인주의 282 | 집단지성의 힘 289 | 'Cool'의 재정의 298 | 로컬 바이브 303 | 성과주의와 물질주의 312 | 케이팝 훔치기 318 | 애호를 즐기며 그럭저럭 사는 인생을 위하여 322

에필로그 332

1장

일상의 발견

우리가 익숙하게 지나치는 일상 속에는 특별함의 씨앗이 숨어 있다. 값싼 소비재도 시간이 흐르면 문화적 가치를 지니고, 흔한 나무조차 예술의 매개나 술의 풍미를 책임지는 존재로 거듭난다.

럭셔리의 진정한 본질도 외형이 아닌 안목에서 비롯되며, 거대 도심 속 골목길이나 블록버스터 영화의 그늘에 묻힌 작은 이야기 또한 걸음을 멈추고 눈을 들면 반짝인다. 일상은 결국, 바라보는 방식에 따라 가장 비범한 풍경이 된다.

디럭스와 럭셔리는
같은 말이다

 버거를 너무 좋아한 나머지 주 1회는 반드시 먹어야 직성이 풀린다. 그런데 익히 알려진, 대중 브랜드 버거들의 싱글 또는 레귤러 사이즈는 너무 작다. 심지어 나날이 작아지는 듯하다. 가격 경쟁력으로 승부하는 대중 브랜드라 물가 상승에 가격을 올리기보다는 아예 사이즈를 줄여 버린 것 같다. 그래서 포만감을 느끼기 위해서는 대형 사이즈를 택해야 한다. 그렇게 시킨 594kcal의 맥크리스피 디럭스 버거는 지름이 8cm, 높이가 5.5cm이다. 그럼에도 가격대가 있는 수제 버거들의 기본 사이즈와 비교하면 별 차이가 없다.
 내 경험상 빵 크기는 평택 미스리 버거의 스페셜 오리지널이 가장 컸다. 오리지널 버거의 2.5배 크기에 무척 두툼해서 대식가가 아닌 이상 하나를 해치우기가 쉽지 않다. 이렇듯 버거 세계에서 '보다 큰' 의미를 위해 부여한 단어가 라지, 킹, 스페셜 그리고 디럭스다.

디럭스와 럭셔리

디럭스deluxe는 정말 든든한 단어다. 대용량과 빅사이즈로 무장했으니 어느 누가 쉽사리 가성비 대결에 도전장을 내놓을까? 그래서 버거뿐만 아니라 와인, 위스키, 유모차, 호텔 객실은 물론 다양한 상품 카테고리에 디럭스 사이즈가 빠지지 않는다.

그런데 디럭스의 본래 의미는 '대용량'이 아니다. 'luxe'는 '사치스러운 욕망'이란 뜻을 가진, 럭셔리 'luxury'의 'lux'와 동일한 어원을 갖는다. 바꿔 말하자면 디럭스의 본래 뜻이 '호사스러운', '사치스러운'이라는 의미를 가진 셈이다. 실제로 프랑스어 '드 럭스de luxe'가 영어 단어 디럭스deluxe를 탄생시켰다. 그런데 범용 소비재에서는 제품의 퀄리티를 '한 단계 격상해 준다'는 의미다. 주로 양과 크기를 두 배 이상으로 불려 준다는 의미로 쓰이다 보니 본래의 의미가 와전되었다.

마찬가지로 럭셔리 굿즈luxury goods를 '명품'이라 번역한 것 역시 본래 의미와 동떨어진 오역에 가깝다. 1980년대 수입 자유화 조치에 따라 해외 유명 브랜드들이 대거 들어오면서 수입업체는 고민에 빠지기 시작했다. 럭셔리 굿즈를 사전 뜻 그대로 '사치품'이라 명명하기가 힘들었기 때문이었다.

'사치奢侈'가 어떤 말인가? 당시 '사치풍조'란 계몽적 표어가 엄연히 존재했었고 사전적으로도 '필요 이상의 돈이나 물건을 쓰거나 분수에 지나친 생활을 함'이라 정의된 말이 아니던가. 그래서 나온 단어가 '명품名品'이었다. 아무래도 마케팅 전략 차원에서 무언가 폼 나고 비싸더라도 사치를 부린다는 죄책감이 없어야 했기에 붙여졌다. '호화품'이라는 말을 써도 나쁘지 않았을 것이란 생각이 든다.

참고로 일본에서는 럭셔리 제품을 브랜도ブランド, 즉 브랜드라고 부른다. 우리가 한때 이름난 제품을 "이거 메이커야." 하고 불렀던 시절이 있었는데 좀 비슷하지 않은가? 어쨌든 수십 년 동안 '명품'이라 불렸던 명찰을 이제와 뗄 수도 없는 노릇이다.

본질의 가치를 즐기는 소비자

본디 '명품'은 말 그대로 이름값 하는 제품이어야 한다. 명인이 하나하나 수작업으로 이루어 냈기에 대량 생산품과 구별되는 희소가치가 있어야 하며, 쉽게 카피할 수 없는 특별한 제작 기술이나 소재의 특별함 그리고 디자인의 미학적 가치가 돋보여야 한다. 즉 제품 자체의 '본연의 가치'가 존재해야 한다.

예를 들어, 한정 수량 와인이나 수십 년 이상을 숙성한 고급 위스키 같은 럭셔리 주류를 보자. 이것들과 연관된 사람(디스틸러, 장인 등), 환경(지리적 입지, 기후) 그리고 재료(원주, 오크 통, 효모 등)는 물론이고 디자인과 브랜드 스토리텔링까지 술 한 병을 비우는 동안 하나의 문화 소비재로써 함께 소비된다. 이뿐인가? 명품 오디오와 빈티지 가구 같은 라이프 스타일 소비 제품 역시 마찬가지다. 같은 스피커라도 제작 연도에 따라 음장력이 어떻게 다른지를, 동일한 탁자라도 90년대 이후로는 나무 소재의 품종이 바뀌어 질감이 얼마나 차이가 있는지를 즐기고 감상한다. 본질의 가치를 중히 여기기 때문이다. 그렇지 않았다면 '구하기 힘든, 천만 원짜리 60년대 빈티지 테이블 겟했음' 단 한 문장과 인증 사진만 SNS에 달랑 올라갔을 것이다.

마찬가지로 패션 럭셔리 제품에도 이런 명품masterpiece의 진면목이 고스란히 밴 것들이 더러 존재한다. 그런데 그것을 제대로 누리는 문화 풍토와 정서가 현대에 조성되었는지는 의문이다. 왜냐하면 본질적 가치보다 외부로 노출시킴으로써 얻게 되는 타인의 부러움을 주로 만끽하는, 과시적 경향이 짙은 까닭이다.

한번은 해외 럭셔리 브랜드 생산과 관련된 매우 큰 이슈가 있었다. 소매가 385만 원인 크리스찬 디올 가방 하나의 원가가 8만 원에 불과했다는 것이다. 그 이유는 장인은 고사하고 저임금의 이주노동자, 불법 이민자 등을 착취해 싼값에 가방을 생산하고 '메이드 인 이탈리아' 라벨을 붙여서 판매한 데 있었다. 이 방식은 원래 유럽 국가에 신생 럭셔리 브랜드를 만들고 값싼 아시아 노동자들을 현지에서 고용해 원가가 저렴한 제품을 생산한 후 비싼 값에 판매했던 일부 사기 업체에서 쓰는 수작이다. 그런데 전통과 역사를 자랑하는 브랜드가 이를 그대로 답습했다는 점이 만천하에 드러났다.

당연히 이탈리아 밀라노 법원은 제조사에 대해 사법 행정 예방 조치를 명령하고 1년 동안 회사를 감독할 사법 행정관을 임명했다. 그런데 디올뿐만이 아니었다. 명품 회사 조르지오 아르마니 역시 법원으로부터 동일한 처분을 받았다. 숙련된 장인의 솜씨와 엄선된 고급 소재를 구분하는, 본질을 만끽하는 소비자가 많았다면 이런 사기 행각이 과연 일어났을까?

다시 말하자면, 자신만의 감각과 취향을 발견해가는 여정의 만끽보다는 타인과의 차별성을 통해 자신의 사회적 지위를 드러내고 싶어 하는 욕망이 앞섰기 때문에 일어난 일이다. 남들이 쉽게 가질 수 없는 것을 소유하거나 소비하고, 그것에 행복감을 가지는 것을 탓할 순 없다. 사실 세속 사회 어디에나 존재하는 보편적 욕구가 아니겠는가. 하지만 대상의 본질이 무엇인지는 제대로 알아야 하지 않을까 한다. 안목없는 눈먼 욕망이 들끓을 때 가짜들이 판치는 법이니까.

나무를 태우다

태운 나무의 용도를 물으면 대부분 숯을 답할 것이다. 알다시피 나무를 태우면 궁극에는 재만 남는다. 재가 되기 전에 불을 꺼서 탄소만 남은 상태로 두면 숯이 된다. 즉 숯char-coal은 탄소 덩어리다. 이 태운 나무의 용도는 버라이어티하고 유용하다. 수많은 고깃집은 물론이고 캠핑장에서도 고기 등 식재료를 구워 먹는 연료로 사용한다. 그뿐만이 아니다. 소나무를 태운 것으로는 먹을 만들어 사용하며 목탄은 미술 재료로도 쓰이고, 탈취, 제습, 가습, 정수 등에서도 탁월한 재주를 부린다. 정말로 숯은 만능의 천연 재료다.

꾸븐낭개로 만든 내촌목공소의 작품

꾸븐낭개

예술의 전당 한가람 미술관에서 내촌목공소와 남희조, 허회태 작가의 컬래버레이션 전시 〈나무의 시간〉을 개최한 적이 있다. 전시된 작품은 흑단 나무의 심재처럼 검은색이다. 몸통에 코를 대고 냄새를 맡자 스모키한 내음이 비강의 점막을 파고든다. 무척 기분이 좋아지고 친근하다. 맞다! 위스키의 그윽한 스모키향이다. 이 작품의 정체는 강원도에서 벌채한 참나무를 태운 꾸븐낭개(태운 나무)다. 위스키를 숙성하는 오크 캐스크 역시 참나무로 만든 통의 내부를 토치로 태운 것이라서 유사한 향을 맡게 된 것이다.

이 내음은 오래전 중국 허난성 정저우시의 시골 마을에 머물렀던 먼 옛날 기억까지 소환했다. 거래처의 오동나무로

허난성 정저우 시골마을의 가내 수공업 현장

만든 서랍장 제품 검수QC를 위한 방문이었는데 막상 작업 현장에 가 보니 시설을 제대로 갖춘 공장이라기보다는 동네 큰 마당에서 가내 수공업을 하는 모습이었다. 동네 아주머니들은 손에 쥔 토치로 가구 목대와 서랍 내외부를 정교하게 태우고 있었다. 아주 오래된 가구 착색법이라 했다. 이처럼 태운 나무는 미적 감성을 불러일으키는 예술과 디자인 리빙의 영역에도 존재한다. 자연을 그대로 담은 채로 말이다.

내부를 태운 참나무통

술을 잘 마시지 못하는 사람이라도 위스키와 와인을 나무로 만든 둥글둥글한 통에 숙성시킨다는 사실은 알고 있다.

와인은 오래 담아 놓지 않지만 위스키는 오래 묵을수록 더 깊고 부드러워지기 때문에 제품 라벨에 아예 12, 15, 18, 25, 30 등의 숫자를 달아서 숙성 햇수를 표기하기도 한다.

그렇다면 이 나무통은 어떤 나무로 만들까? 참나무 oak tree다. 아주 오래전 위스키가 목통에 숙성되기 시작한 시점부터 현재까지 그렇다. 참나무는 참나무 속에 속하는 여러 수종에 대한 공통 명칭이며 학술적으로는 퀘르크스 quercus 속으로 구분된 나무를 말한다. 주로 북반구의 온대에서 열대에 걸쳐 자라며 종수가 200~250종에 이른다. 다만 우리가 국내에서 접하는 대부분은 참나무 6인방인 상수리나무, 굴참나무, 신갈나무, 갈참나무, 졸참나무, 떡갈나무로 한정된다.

참나무는 성질에 따라 다시 레드 오크와 화이트 오크로 나눈다. 레드 오크는 말 그대로 붉은 색을 띠며 구멍(기공)이 많은 반면, 화이트 오크는 색이 더 밝고 기밀성, 내구성, 통기성, 내수성이 무척 좋다. 그래서 공기도 잘 통하고 물도 잘 새지 않는 화이트 오크가 캐스크(오크 통) 제조에 많이 사용되어 오고 있다. 퀘르크스 알바 quercus alba 라는 이름의 미국산 화이트 오크가 대표적이다. 미국의 대표적인 위스키인 버번을 숙성하는 캐스크가 바로 이것으로 만들어진다.

유러피안 화이트 오크의 경우 서유럽 전역에 자생하는 퀘르쿠스 로부르 Quecus robur 와 중부유럽의 퀘르쿠스 페트라 Quercus petraea 가 위스키 캐스크의 재료로 쓰인다. 특히 쉐리 와인을 숙성하는 데는 주로 스페인 갈라시아 지방의 스패니시 오크 Spanish oak, 프랑스 리무쟁 지역의 프렌치 오크 French oak를 사용한다. 이 둘로 만든 캐스크의 가격은 다른 것에 비해 월등하게 비싸고 구하기도 힘들다. 가히 오크 통계의 페라리이자 에르메스인 셈이다.

다양한 참나무로 만든 오크 통에 숙성시킨 위스키는 통마다 다른 개성과 풍미를 지닌다. 공통점이라면 통 내부를 태워 훈연향이 난다는 점이다. 특히 버번위스키에 사용하는 화이트 오크 캐스크는 내부를 숯덩이처럼 바짝 태우기로 유명하다. 그렇게 하면 목재의 락톤, 타닌, 리그닌, 헤미셀룰로오스 등의 주요 성분이 화학작용으로 인해 더욱 활성화되어 카라멜, 바닐라, 시나몬과 같은 풍미는 물론 스모키한 향과 맛까지 증류 원액에 부여된다. 술에 어떠한 인위적인 향료를 넣지도 않았는데 이런 맛이 난다는 점이 정말 신기하다.

그렇다면 언제부터 이런 방법을 알고 썼을까? 숯처럼 태운 오크 통으로 숙성하는 관행은 1820년대부터 시작되었다고 전해진다. 하지만 안타깝게도 누가 최초로 이를 시작했는지에 대한 정확한 기록은 없다. 같은 시기 켄터키주 렉싱턴의 한 식료품점 주인이 증류주 제조자 존 콜리스에게 편지를 보내 '배럴 내부를 태우면 술의 풍미에 긍정적인 영향을 미칠 수 있다'고 조언한 이야기 정도만 전해진다.

오크 통 내부를 불에 태우는 관행은 더 일찍이 그러니까

15세기까지 거슬러 올라간다는 주장도 있다. 알다시피 우리에게 흔한 플라스틱 혹은 스테인리스 통은 근대 이후의 산물이다. 즉 오크 통은 각종 음식물이나 물건들을 보관하거나 이동시키는 목적으로도 애용되었다. 그런데 재활용을 위해서는 기존에 스며든 냄새(생선 비린내 등)를 제거해야 했고, 이를 위해 불로 내부를 태웠다는 것이다. 무척 설득력 있다.

한편, 오크 통을 배불뚝이 모양으로 만들려면 편평한 나무에 곡면을 주어야 하며 이를 위해 내부를 불로 가열해 유연하게 만든다. 이를 보통 토스팅 toasting이라 하며 완성된 오크 통 내부를 위스키 숙성을 위하여 더 가열차게 태우는 것을 차링 charring이라 한다. 바꿔 말해서, 아주 오래전에는 차링을 안 했다 하더라도 오크 통 제작을 위해서는 어쩔 수 없이 토스팅을 했을 테니 오크 통 내부를 불로 태우는 행위는 오크 통 탄생부터 시작되었다고 볼 수 있겠다. 그러나 여기서 끝이 아니다. 오크 통 CASK의 역사는 기원전 최소 350년 전, 야자나무 오크 통을 사용해 아르메니아 와인을 메소포타미아의 바빌론으로 운반했던 시기로 거슬러 올라간다.

그렇다면 태운 나무와 증류주의 화학적 결합에 의해 새로운 풍미가 탄생한 것은 우연의 소산이자 습속화된 행위가 아니었을까. 발효처럼 과학적인 분석이 나오기 이전부터 '이렇게 하니 저렇더라' 하며 발효하는 방법이 관행화된 것처럼 말이다.

대만 카발란 증류소에서 사용하는 실제 오크 통

오크 통 내부를 태우는 모습과 가열정도 1~6에 따라 변화된 표면 (사진: whiskeybarrel.com)

오래된 물건 이야기

　술이나 음식물의 부패와 발효는 둘 다 미생물에 의해 분해되는 동일한 과정을 겪는다. 이후 우리가 먹는 데 지장이 없으면 발효, 먹을 수 없다면 부패가 된다. 그 차이가 쓸모에 의해 가려진다는 말이다. 마찬가지로 물건 역시 쓸모의 유무에 따라 그 가치가 정해진다.

　그런데 많이 오래된 물건이라면 좀 다르다. 외관이 조금 낡아도 사용 기능에 변함이 없다면 그대로 쓰는 사람이 있을 테고 이참에 최신 디자인 제품으로 바꾸는 이도 있을 것이다. 때로는 별 볼품도 없고 기능도 거의 퇴보한 물건인데 버리지 못하는 경우도 있다. 남들 눈에는 별거 아니더라도 자기만의 추억과 의미가 서려 있는, 여전히 누군가의 보물이기 때문이다.

　나 역시 간직하거나 처분해야 할 기로에 선 오래된 것들

소장한 코로나 앤틱 타자기

이 제법 있다. 그것들 중 가장 오래된 것은 미국 유학 시절에 벼룩시장에서 산 미국산 코로나corona 타자기다. 운 좋게도 100달러가 안 되는 가격에 구입했다. 1920~1930년대에 만든 것으로 추정되므로 현재 기준으로 나이를 따져보면 족히 100살은 된 타자기다. 이럴 경우, 앤틱antique이라 부를 수 있다. 메리엄 웹스터 사전에 따르면 대략 80년 이상 된 오브제를 앤틱으로 구분한다고 해서다.

그렇다면 빈티지vintage는 어떻게 다른가? 많이 알려진 사실이지만 와인을 뜻하는 라틴어 'vinum'과 수확을 뜻하는

'demere'의 합성어에서 유래된 이 단어는 와인의 생산 연도를 나타내는 말이다. 당해 연도의 작황 상황에 따라 맛과 품질이 다르기 때문에 생산 연도 표기가 따랐던 것이다. '00년산 빈티지'처럼 말이다.

그런데 디자인, 리빙 등의 분야에서는 빈티지가 생산 연도가 아닌 오래전 물건의 의미로 쓰인다. 그렇다면 앤틱과 같은 의미일까? 아니다. 그것보다는 좀 덜 연식이 된, 그러니까 30~60년 전에 나온 상품이나 오브제를 의미한다. 예를 들어, 1940~1960년대 서구사회에서 유행했던 상업 디자인과 가구, 조명, 소품 같은 리빙 아이템을 미드 센츄리 모던 디자인이라 부르는데 이를 빈티지 디자인 혹은 빈티지 가구라고 부른다.

그렇다면 패션 분야에서 흔히 회자되는 레트로 스타일은 무엇일까? 복고나 회상, 추억을 의미하는 단어 'retrospect'의 약자인 레트로retro에 스타일style을 붙인 합성어인데 특정 시기의 스타일을 복원 또는 재현하는 행위나 경향을 말한다. 예를 들어, 플레어 스커트, 벨벳 재킷, 화려한 패턴으로 대변되는 70년대 복고풍이나 넉넉한 핏의 힙합 바지, 헐렁한 셔츠 그리고 덩크 슈즈 등으로 혼연된 90년대 힙합 스타일 등을 레트로 패션이라 부른다.

내친 김에 클래식까지 알아보자. 클래식classic은 바흐, 모짜르트, 베토벤 등이 연상되는 17~19세기 시절의 고전음악을 말한다. 또한 오랫동안 많은 사람에게 널리 읽히고 높게 평가된 문학이나 예술 작품 같은 시대를 초월하는 명작을 의미하기도 한다. 비단 순수 예술과 문학뿐만 아니라 현대에 들어서 탄생한 대중 소비재와 라이프스타일 제품들 중에서도 클래식이라 불리는 것들이 있다. 자동차의 클래식 벤츠, 코카콜라 클래식 같은 것들 말이다.

오래된 벗들은 구식이어도 진부하지 않다

2023년 신발계의 애플로 추앙받던 '올버즈Allbirds'의 몰락이 화제가 되었다. 주가는 96%까지 폭락하고 소비자의 항의가 끊이지 않았다. 9년 전인 2016년에 미국 주간지 〈타임〉은 올버즈의 첫 출시작 양모(울) 소재 운동화 '울러너'를 '세계에서 가장 편한 신발'이라며 칭송했지만 2023년에 미국 월 스트리트 저널은 "한때 쿨한 문화의 상징이었던 스타트업은 일련의 실책으로 이제는 길을 잃은 기업의 대표 사례가 됐다"고 흥망의 종지부를 찍었다. 근본 문제가 무엇이었을까? 제품의 품질에 있었다. 친환경만 강조하고 거기에 신경이 팔린 나머지 정작 그 쓸모를 방치한 것이다.

모름지기 신발은 튼튼해야 한다. 즉 내구성을 갖추면서 편안함과 디자인적 매력 등을 얹어야 하는데, 올버즈의 신발은 수개월 만에 닳거나 구멍이 나는 데다 울 혼방 레깅스의 경우 세탁 후 형태가 유지되지 않았다. 그렇다고 해서 친환경을 표방하는 기업의 제품이 다 이렇게 허술하지는 않다. 내가 17년째 신고 다니는 신발과 14년째 매고 다니는 가방이 증명한다. 캠퍼Camper 스니커즈와 프라이탁Freitag 백이다.

물론 한 취향만 고집하지 않기에 다른 신발과 가방을 교체해 가면서 사용하긴 했다. 지금까지 살아오면서 얼마나 무수한 신발과 가방들이 닳거나 해졌다는 연유로 내 곁을 떠났을까? 그런데 캠퍼와 프라이탁은 오래 사용했음에도 불구하고 살짝 색이 바래거나 스크래치가 생긴 정도다. 쓸모에 전혀 지장이 생기지 않아 지금까지 내 곁에 있다.

그런데 튼튼하기만 해서 계속 잡고 있었을까? 아니다. 세련되었음에도 튀지 않아 질리지 않는 형용모순의 디자인이 이들 제품의 매력을 받쳐준다. 사실 프라이탁은 워낙 튼튼한 업사이클링 제품의 대명사로 알려진 터라 그 효용에 대해서는 더 말할 필요도 없다. 프라이탁 매니아인 내가 인증한다. 큰 가방 세 개, 필통, 지갑, 아이패드 케이스 모두 이 브랜드로 오래도록 쓰고 있다.

반면 캠퍼 신발은 과거 파리 시내에서 우연찮게 구입했다. 동행자들이 국내에 없는 브랜드라고 부추긴 면도 있었고, 전형적인 스니커즈의 면모를 갖추었기에 사고 말았다. 덕분에 배 타고 비행기 타고 우리나라까지 들어온 물건보다는 저렴한 가격에 살 수 있었다.

캠퍼 스니커즈와 프라이탁 가방

    이 녀석은 사실 조금 못생긴 데다가 투박하다. 둥그러니 보이는 외형이 마치 크록스 계보에서 진화된 네안데르탈인 같다. 하지만 사용에 있어서는 지금까지 불편한 적이 한번도 없었다. 신발 깔창을 두 번 갈아 주기는 했지만, 어른 몸만 한 육중한 방어도 거뜬히 들어 올릴 것 같은, 두터운 실밥 하나가 살짝 들뜬 것 외에는 녀석의 신상은 건강하다. 애지중지했던 골든구스와 여타 프리미엄급 스니커즈 모두 연로에 따른, 밑창이 닳고 실밥이 풀리고 가죽이 째지는 노화 현상을 이겨내지 못했는데 말이다.

그래서 한 번도 궁금하지 않았던 캠퍼라는 브랜드를 알아봤다. 알고 보니 지속 가능성을 염두하고 만든 브랜드였다. 트렌드만 좇는 휘발성 브랜드가 아니라 요즘 말하는 ESG 경영철학을 가진 '맑은 기업'이라는 말이다.

계획적 진부(구식)화 planned obsolescence 라는 말이 있다. 기업에서 신상품 판매 순환을 촉진하기 위해 제작된 제품이 일정한 수명을 가지게끔 고의적으로 계획한 것을 말한다. 한 마디로 반영구적이지 않은 제품 중 더 오래 쓸 수 있는 사용성을 애초에 거세한 것이다. 그러면 기업은 안정적으로 돈을 벌고 그 회사에 노동을 제공하는 직원들 역시 생계를 '지속 가능'할 수 있다. 그런데 그만큼 쓰레기는 늘어나고 건강한 지구 환경은 더 이상 '지속 가능'하지 못하게 되는 모순에 빠지게 된다.

방금 내가 한 말은 지극히 윤리적이다. 사실 '환경 지키기'에 대한 윤리적 호소나 강요를 따른다 해도 안타깝게도 어지간해서 습속화된 룰을 깨기가 쉽지 않다. 그에 반하는 행위가 이미 삶의 일부로 정착되었기 때문이다. 그런데 '지속 가능한 제품 쓰기'의 이로움을 몸소 경험하여 큰 만족이 생겼다면 곧장 태도가 바뀔 것이다. "이게 나한테 더 이롭네"라고 본능이 속삭이기 때문이다.

조만간 캠퍼 스니커즈를 하나 더 장만할 생각이다. 오래된 벗들은 구식*obsolescence*이지만 진부하지 않다는 믿음을 가져서다.

희소가치와 날것의 미학

64년 동안 봉피양에서 평양냉면을 만든 고 김태원 장인이나 아직도 현업에 종사하고 있는 무려 70년 경력의 미국 버번위스키 장인 지미 러셀 같은 분들이 갖춘 존재가치는 쓸모다. 물건도 마찬가지로 유용성을 잃지 않는다면 앞서 나의 프라이탁처럼 오랜 시간을 함께할 수 있다.

그런데 사람이 바라는 바를 충족시켜 주는 모든 물건, 즉 재화가 오래되어서 좋은 이유는 사용성에만 국한되지 않는다. 한때는 흔했지만 오래 살아남아 희소성을 획득한 소비재는 역사적 가치를 부여받고 대중문화재로 탈바꿈하기 때문이다. 특히 일정 수준의 경제적 도약과 문화적 선진화가 이루어진 우리 같은 나라에서 더욱 그렇다. 이제는 어딜 가나 똑같고 새로운 것들만 존재한다는 것을 깨닫고 도리어 옛것을 뒤져서다.

물건뿐이겠는가. 오래된 동네 골목길부터 고궁 뒤편의 성곽에 이르기까지 공간과 장소 역시 희소가치를 갈구하는 욕망을 충족시킨다. 오래된 것은 날것의 미학을 가진다.

당대의 정서와 문화를 먹고 사는 생물인 트렌드와 유행은 변화무쌍하다. 그래서 하나의 고유성을 그대로 놓아두지 않는다. 가차 없이 새것에 가둬두거나 그것으로 바꿔버린다. 반면 날것은 본래의 물성과 속성이 그대로 드러난, 인위적이지 않은 자연성이 근간이다. 물론 모든 날것이 오래되었거나 오래된 것들이 날것은 아니다. 그래서 여기서 말하는 날것은 애초부터 물성을 그대로 살려서 만든 빈티지 스타일과 실제로 오래 묵혀져서 새것의 밋밋함이 꾸밈없는 퇴색의 미를 가지게 된 것들을 말한다.

후자의 경우 낡은 부분은 덜 퇴색된 부분과 조화를 이뤄 오묘한 명암과 질감을 자아낸다. 그래서 볼수록 새롭고 덜 질리며 자연스럽다. 아주 오래된 퇴적암층에서 감지하는, 인위적인 행태와 기교로는 절대 따라갈 수 없는 '멋'을 날것의 물건들과 생활 공간에서 똑같이 경험하는 것이다.

19세기 프랑스 왕실도 사랑한 짝퉁 가구

진품과 짭(가짜)으로 조화를 이룬 럭셔리 백과 악세서리를 몸에 장착하고 거리를 활보하는 오늘날의 퐁파두르 부인들은 이렇게 말한다. "내가 원체 진품으로 무장했잖아. 그래서 짭 몇 개 들고 입고 다녀도 진짜인 줄 알아."라고 말이다.

서울 종로구 딜쿠샤 가옥의 벽난로

프랑스어에 가짜 럭셔리 faux-luxe 그리고 새로운 옛 것 vieux-neuf 이란 말이 있다. 모조품, 혹은 복원품에 가깝다. 둘 다 오리지널이 아니란 점에서 같은 거다. 다만 차이를 둔다면 가짜를 진짜라고 우기면 모조품, 진품은 아니지만 그것을 재현했다고 말한다면 복원물인 것이다. 그런데 19세기 프랑스에서는 이러한 복제 가구가 엄청난 인기를 구가한 적이 있었다. 그것도 정부와 시민 모두가 자발적으로 참여하면서 말이다.

프랑스의 민주주의는 앙시앙 레짐(구체제)을 무너뜨린 1789년 시민혁명 이후 곧바로 전개되고 안착되지 않았다. 혁명 이후 100여 년 사이에 두 차례의 제정(황제 통치), 부르봉 왕정복고, 3번의 공화국이란 엄청난 부침을 겪고 나서야 현재의 민주주의로 거듭날 수 있었다.

그 역사의 중간 허리쯤 되는 1830년에 루이 필리프의 '7월 왕정'이 탄생했다. 그는 프랑스 혁명 이후 파괴된 국가 전역의 성과 문화재들을 복원하는 것은 물론이고 그 실내 장식까지 완전히 복구하는 것을 목적으로 한 문화재 복원 계획을 단행했다.

우선, 귀족들은 왕의 거처였던 루브르 성으로 주거지를 옮겼는데 이는 과거 부르봉 왕가 시절 궁정문화의 재건을 가져왔다. 그런데 궁정 안은 텅텅 비어 있었다. 따라서 사라진 유물들의 자리를 공백으로 남길 것인가 아니면 동일하게 재현한 복제품으로 채워 넣을 것인가를 고민하게 되었다.

결국 문화재 복원 계획에 따라 후자를 선택했는데 당시 복원 사업에 참여한 주인공들은 복원 전문가가 아닌 19세기 초반에 활동한 유명 가구 제작자들이었다. 그들 중 앙리 오귀스트 푸르디누아는 팔레 루아얄 궁 내부에 있던 '루이 15세의 가구'를 복제했으며 그로에 형제는 '루이 16세 왕실 가구'를 복제하여 생클루 성 인테리어를 완성했으며 15세기에 건설된 퐁텐블로 성 복원에 필요한 '프랑수아 1세 시절의 실내장식과 가구' 전체를 재현했다.

　그리고 1848년에 왕정이 무너졌다. 바로 제1대 제정을 이끌었던 나폴레옹의 조카 루이(나폴레옹 3세)가 쿠데타를 통해 1852년 황제로 즉위했기 때문이었다. 제2 제정 시대의 시작이었다. 나라는 혼란스러웠지만 왕실 복원이 멈추진 않았다. 생클루 성에 거주하던 나폴레옹 3세의 부인 외제니 드 몽티조는 자신이 마치 마리 앙투아네트인 양 왕실 내부를 전부 마리 앙투아네트 스타일로 꾸몄다.

　이렇듯 문화재 복원이란 웅장한 명분 아래 왕실이 앞장서며 복제품 가구를 왕실에 마구 채워 넣고 있었으니 그들을 몰아내었던 신흥 부르주아 계급조차도 이를 따랐다. 예를 들어, 고리대금 환전업으로 시작하여 19세기 최고의 부자로 등극한 로스차일드 가문은 파리 근교의 페리에르 성을 구입한 후 그 내부를 루이 13세부터 16세 때까지 유행했던 모든 스타일로 꾸몄다. 과거 '왕정 시대의 성과 그 내부의 화려한

앙리 오귀스트 푸르디누아가 복원한 앤틱 가구들(사진 : 위키미디아 커먼스)

장식'은 품격이 담긴 유산과 전통을 갖지 못했던, 상업 출신의 부르주아 계급에게 있어서 '명예와 부 그리고 사회적 지위'의 상징이자 표현이었기 때문이었다. 현대 사회의 '졸부의 전통부자 따라 하기'처럼 말이다. 그 결과 바로크와 로코코의 만남의 장이 만들어지기도 했다.

  이 시점에서 근대 상류 계급의 문화적 자본이 탄생한다. 부라는 경제적 자본을 달성했지만 그들이 동경해 왔던 왕족과 귀족들의 품위와 문화적 안목까지 얻기 위해서는 교양과 지식이 절실했다. 따라서 그들 집안을 장식했던 각종 장식과 인테리어 그리고 가구들의 시대별 구분은 물론 각 시대별 대표적 작품과 예술적 경향 등을 학습하기 시작했다. 르네상스 시절 환전업 출신의 메디치가 엄청난 재력으로 예술인들을 후원하고 자신들을 신흥 가문으로 둔갑시켰던 것과 별반 차이가 없는 양상이기도 하다.

20세기 초 프랑스의 라 벨 에포크 시절 정치, 사회, 문화, 예술 담론이 무성하게 꽃피웠던 살롱 문화. 어찌 보면 19세기 선대 부르주아들의 어떻게든 문화자본을 획득하고자 했던 갈구가 있었기에 가능했던 것이 아닌가 싶다.

예술의 일상화

 조금 과장해서 표현하자면, 오늘날 우리는 걸어만 다녀도 떠먹여 주는 '예술의 일상화' 시대에 살고 있다. 광교의 갤러리아 백화점에서 이를 경험했다.
 첫 번째는 레고 블록으로 제작된 빈센트 반 고흐의 〈별이 빛나는 밤〉이다. 백화점과는 무관하게 레고 매장에서 파는 제품의 하나다. 고전 미술품 특히 회화를 퍼즐, 블록 또는 접이식 그림집 등으로 만들어 파는 것을 많이 봐 왔다. 이것도 그중 하나이다. 이젤 앞에는 고흐로 추정되는 남자 형상이 앉아 있는데 그가 바라보는 밤하늘과 별이 그의 작품에서 선보였던 색상, 조형과 똑같다. 그런데 알다시피 이 작품은 사실적 묘사보다는 그의 '심상에 비친 밤하늘과 별'을 그린 것이다. 실제 밤하늘의 모습은 그림과 전혀 달랐을 것이다. 하지만 레고에서 사실적인 밤하늘을 재현했다면, 그 누

클로드 모네의 〈푸르빌의 절벽과 범선〉

구도 이것을 고흐의 작품으로 생각하지 않았을 것이다.

두 번째는 건물 8층 계단에 위치한 클로드 모네의 작품 〈푸르빌의 절벽과 범선〉이다. 초대형 면적을 이루기 위해서 벽면에 붙여진 수많은 타일에 입혀졌다. 그림의 상, 하부와 측면은 기하학적 구조의 천장과 유리창 그리고 그림이 확장된 듯한 바다 면과 절묘한 조화를 이룬다. 그런데 모네가 이를 봤을 때 흡족했을까?

원작에서는 윤슬이 돋보인다. 햇빛이나 달빛에 비치어 반짝이는 잔물결을 그렇게 부른다. 그런데 가까이 가서 보면 대충 갈긴, 거침없는 붓질이다. 웃긴 일이다. 멀리서 보면 정교하진 않지만 사실적 느낌이 강하게 드니 말이다. 알라 프리마alla prima 기법으로 물감을 두껍게 칠한 덕분이다. 다시 말해서 이것과 같은 프린트물이나 디지털 그림은 알라 프리마 재현에 있어서 한계를 가진다. 3D라도 힘들 것이다. 입체적 표현이 가능하더라도 비정형의 번짐과 맺힘 그리고 엉김을 어찌 자연스럽게 표현할 수 있을까? 사골로 48시간 우려낸 설렁탕 국물을 MSG가 흉내 낼 수 없음과 같다.

세 번째는 백남준의 〈TV물고기〉다. 연신 전위적 무용을 하고 있는 한 사내와 유유히 헤엄을 즐기고 있는 물고기가 함께 있다. 자세히 보면 브라운관 TV의 남자와 어항 속의 실제 물고기는 다른 공간에 있는 것이다. 심지어 무용복 색상으로는 조금 생뚱맞은 것 같은, 주황색 쫄쫄이도 인상적이다. 아마도 금붕어 색상과 맞추기 위해서였나? 지금 관점으로는 조금 고루하고 식상할 수 있으나 1975년에는 기이하고 놀라웠을 것이다.

이 남자의 이름을 반추하는 데에는 그리 시간이 오래 걸리지 않았다. 전위 예술가 머스 커닝햄. 검색해 보니 맞았다. 내 기억력이 비상한 탓이 아니라 그를 처음 봤을 때 그 충격이 아직도 남아 있음에 이유가 있다. 무려 41년 전인 1984년

새해 벽두에 전 세계 몇 개국에 생중계로 선보였던 지구촌 이벤트가 있었다. 바로 그 위대한 비디오 작품 〈굿모닝 미스터 오웰〉이다.

지금 생각하면 어처구니가 없는 방송이다. 100억 불 수출을 자축한 1977년이 엊그제인 나라에 아방가르드 예술의 생방송이 웬 말이냐 말이다. 문화 뉴스의 한 꼭지나 톱뉴스로 한정된 보도가 아닌, 마치 우리나라의 승부가 걸린, 꼭 시청해야만 하는 월드컵 결승전 같았다. 이유는 극명했다. 자랑스런 한국인 백남준이 주인공이었기 때문이었다. 이는 곧 우리 국민과 나라의 쾌거였다. 물론 서방의 보도에는 남한에서 태어난 미국인 백남준으로 나왔다.

해당 방송과 관련한 당시 경향신문과 동아일보의 칼럼을 읽었다. 김화영 고대 교수가 쓴 동아일보의 '백남준 예술의 충격'이라는 글과 '전위 모른다고 무식인가'라는 제목으로 당시 경향일보 문화부장이었던 이광훈 기자의 글이다. 두 필자의 논점은 다소 대조적이다. 전자는 이른바 국위선양을 한 위대한 탄생을, 후자는 굳이 위선이 될 수도 있는 맹목적 찬양에의 경계를 말했다. 둘 다 일리가 있는데 칸, 박찬욱 그리고 〈헤어질 결심〉이 생각나는 이유가 무엇일까?

여하튼 '떠먹여 주는 예술'을 주는 대로 다 받아먹지는 말자. 체할라.

영화를 폭넓게 즐기는 법

페르시아어 수업

수년 전 베스트 셀러로 떠올랐던 《라틴어 수업》이란 책이 있다. 어학 교재가 아니다. 동아시아 최초의 바티칸 대법원 로타 로마나Rota Romana 변호사이자 가톨릭 사제인 한동일 교수가 서강대학교에서 진행했던 '초급·중급 라틴어' 수업의 내용을 정리하여 엮은 책이다. 내용도 라틴어의 체계, 라틴어에서 파생한 유럽의 언어들을 시작으로 그리스 로마 시대의 문화, 사회 제도, 법, 종교 등을 포함해 오늘날의 이탈리아에 대한 이야기까지 담고 있었다. 책은 가슴에 새겨질 여러 라틴어 글귀를 소개했는데, 그중 하나가 'Vexatio Storia fiat'로 '아픔이 스토리가 되도록'이란 뜻이다. 넷플릭스의 〈페르시아어 수업〉이 그런 영화다.

1942년 2차 대전 중 유대인 질은 처형을 앞두고 있다. 같이 잡혀갔던 이의 페르시아어책과 자신의 샌드위치를 교환했는데 이때부터 그의 운명이 바뀌기 시작한다. 자신을 유대인이 아니라 페르시아 사람이라 했기 때문이다.

이후 그는 페르시아어 학습이 필요한 나치 친위대 대위 코호에게 매일 네 개의 페르시아어 단어를 가르쳐 준다. 이때 그는 페르시아어를 읽고 쓸 줄은 모르고 듣거나 말만 할 줄 안다고 둘러댔다. 그렇게 알려준 단어 수가 무려 2,840개다. 그는 페르시아의 수도가 테헤란이란 사실 외에 아는 것이 하나도 없었다. 그런데 짝퉁 페르시아어를 집대성한 것이다. 이게 어찌 가능했을까?

생각해 보자. 누구라도 임기응변적으로 당장 갖다 붙인 말을 만들 수는 있으나 그렇게 지어낸 수많은 단어를 모조리 외우고, 그걸 조합하여 문장으로 언제나 말을 하기란 상상이 안 되는 일이다. 그러나 질은 그것을 해냈다. 하루는 "'나는 당신을 사랑해'가 뭐지?"라는 질문에 "'일 오나이 아우'입니다."라고 답한다. 한 번 더 "그럼 상대는 뭐라 하지?"라고 묻자 "'일 바르 오나이 아우'입니다. 여기서 '바르'는 '또한'이란 뜻입니다."라고 답한다. 이 정도 구라의 경지에 올랐다면 에스페란토 언어를 만든 자멘호프가 울고 갈 노릇이다.

그런데 그의 생존을 받쳐 주던 2,840개의 짝퉁 페르시아어 단어는 사실 총살을 당한 2,840명의 포로 또는 유대인의 이름이었다. 죽음을 코 앞에 둔 이들의 인상착의와 표정 그리고 이름에서 단어를 생성했기에 기억에 또렷하게 남았던 것이다. 영화는 가슴을 조마조마하게 하고, 감정은 아리고 쓰라리게 만들지만 감동 역시 짙게 만든다.

영화는 독일의 유명 각본가 볼프강 콜하세의 실화 기반 단편 소설 〈Erfindung Einer Sprache(언어의 발명)〉를 원작으로 하고 있다. 제2차 세계대전이 끝난 후 자신의 친구가 직접 들려준 이야기를 바탕으로 완성한 작품이란다. 그리고 실제 페르시아어로 '나는 당신을 사랑해'는 'Tora Doost Darem.'이다.

페르시아란 국가명은 1935년에 이란으로 변경되었지만 그 나라 국민은 아직도 페르시아어를 사용하고 있다. 보통 아랍권 그러니까 이슬람교를 믿는 민족들은 모두 아라비아어를 사용할 것으로 생각하는데 그렇지 않은 것이다.

그리고 무슬림은 수니파Sunni와 시아파Shia 이렇게 두 개의 종파로 나누어지는데, 전 세계 약 18억 무슬림 중 약 85%가 수니파고 15%는 시아파다. 이란, 이라크, 바레인, 아제르바이잔 등이 시아파를 따른다.

호우시절

이번에는 허진호 감독의 필모그라피를 뒤지다 〈호우시절 好雨時節〉을 찾았다. 제목만 읽어도 늘 아련한 영화 〈봄날은 간다〉를 만든 감성 천재 허진호 감독의 영화이다. JH 형이 이런 말을 했었다. "허진호 감독은 〈봄날은 간다〉와 〈8월의 크리스마스〉에 그가 가진 모든 것을 너무 일찍 다 써 버렸어." 동의하는 바다. 좀 아껴두지 말이다.

그럼에도 허감독의 필모를 뒤진 이유는 순전히 빔 벤더스의 〈퍼펙트 데이즈〉 때문이었다. 우리도 이런 영화가 없을까 생각하다가 떠오른 이가 허진호였고 혹시 그의 다른 작품을 파헤치다 보면 뭐라도 나올까 해서다. 그래서 간택한 것이 '호우시절'. 남녀 주인공이 한국 배우 정우성과 중국 배우 고원원이다.

이 영화는 셀린 송 감독의 영화 〈패스트 라이브즈〉를 닮았다(아니 개봉 연도를 따지자면 반대가 되겠다). 인연이 읽혀서다. 동하와 메이가 두보 초당에서 해후한 것은 그저 우연이었을까? '모든 것은 인因과 연緣이 합해져서 생겨나고, 인과 연이 흩어지면 사라진다'는 석가모니의 말씀처럼 아무리 거부해도 만들어지는 것이 인연이며, 무척 애를 써서 인연을 맺으려 해도 맺어질 수 없는 것이 인연이라면 이는 곧 운명이다.

"처음보다 설레고 그때보다 행복한
때를 알고 내리는 좋은 비가 있을까."

영화 속 좋은 비는 정말로 이들의 인연(운명)을 알고 지상으로 흩뿌려졌을까. 제목의 호우는 '줄기차게 내리는 많은 비'란 뜻의 호우豪雨가 아니다. '때를 알고 내리는 좋은 비'란 의미의 호우好雨다. 중국 당나라의 시인 두보의 시 '춘야희우春夜喜雨'의 첫 구절 '호우지시절好雨知時節'에서 따온 말이다.

두보가 난리를 피해 잠시 성도에 머무르던 곳이 '두보초당'이었다. 그는 이곳에서 농사를 지으며 조용히 살고 있었는데 밤사이 내린 봄비에 가뭄에 말랐던 농지가 살아나니 그 기쁨에 이 시를 지었다고 전해진다. 그래, 정말로 이 영화는 두보와 그의 두보초당에서의 삶에서 모티브를 얻은 것이 확실해졌다.

그리고 여주인공 메이는 "꽃이 피어 봄이 온 걸까, 아니면 봄이 와서 꽃이 핀 걸까?"라는 궁금증을 가진다. 두보의 시 구절 '호우지시절 당춘내발생好雨知時節 當春乃發生 단비는 시절을 알아차려 봄이 되니 내리네"에 빗대어 답을 해본다. "꽃은 시절을 알아차려 봄이 되니 피네."

고레에다 히로카즈의 괴물

생전 양갱을 먹지 않았던 혜원은 어느 날부터 밤양갱에 몰입하게 되었다. 이를 텍스트와 콘텍스트의 관계로 해석하면, '혜원의 과도한 밤양갱 사랑'이라는 텍스트는 '요즘 '핫'한 비비가 쏘아 올린 밤양갱 트렌드 따라가기'라는 콘텍스트를 배경으로 둔다. 그래서 혜원은 '밤양갱을 진짜 좋아하는 이'가 아니라 '요즘 유행에 편승하고 싶은 사람'으로 규정된다.

그런데 알고 보니 혜원은 일반 양갱보다 밤양갱이 너무나 입맛에 맞아서 그걸 선택한 것이었다. 진짜로 비비가 누군지도 몰랐으며 밤양갱이란 노래조차 알지 못했다. 노래의 유행 때문에 평소 잘 안 보였던 밤양갱 제품이 시중에 많이 풀렸고, 그 덕에 혜원이 밤양갱을 쉽게 발견한 것 말고는 유행과 전혀 상관이 없었다. 이처럼 섣부른 맥락 파악은 때때로 큰 오해를 불러일으킨다.

유사한 예는 수없이 많다. 독일군 장교였던 드레퓌스 대위가 유대인 신분이라서 스파이로 오해를 받았던 것 역시 당시 사회적 편견을 맥락으로 사용했던 대표적인 사례다. 고레에다 히로카즈 감독의 영화 괴물은 우리가 어떤 판단과 추론의 근거로 삼는 단서들 간의 연결고리 즉 맥락 파악이 어떻게 오류를 범하는지를 알려준다.

그래서 영화 초반부터 중반까지는 보는 내내 마음이 무척 불편했다. 영화 장면 곳곳에 확신으로 착각할 수 있는, 그릇

된 단서와 정보를 고의적으로 심어 놓음으로써 관객 모두를 오류의 늪에 빠지게 만들어서다. 그리고 후반에 와서야 이 영화의 의도와 메시지가 전달된다.

하지만 엔딩 크레딧이 끝나도 누가 고양이를 죽였는지, 교장이 정말 운전 과실로 손녀를 죽음으로 몰았는지, 요리가 정말로 방화를 저질렀는지에 대한 답을 주지 않는다. 이것들을 마치 고양이가 죽었는지 살았는지 알 수 없는 '슈뢰딩거의 고양이' 마냥 열린 결말로 남겨둔 이유는 자명하다. 모두가 아는 완벽한 진실은 없기 때문이다. 그(그녀)가 괴물이건 아니건 간에 말이다.

'가재가 노래하는 곳'은 유토피아를 말하는 것일까.

영화 〈가재가 노래하는 곳 Where the Crawdads Sing〉은 1950~1960년대 미국 노스 캐롤라이나주 바클리 코브 마을의 습지대를 배경으로 한다. 이곳에 서식하는 동물, 식물 그리고 그들을 에워싼 안개, 물, 흙 등을 자세히 톺아보고, 특히 푸른 하늘을 오가는 새 떼를 넋 놓고 감상하다가 늪에 발을 담그기라도 한다면 절대로 영화에서 헤어 나올 수 없다.

이러한 영화로운 장면을 올리비아 뉴먼 감독은 어떻게 그려낼 수 있었을까. 수채화가 엘리스 스미스 Alice Smith(1876~1958)의 작품이 있었기에 가능했다. 뉴먼 감독은

〈가재가 노래하는 곳〉 포스터 (김지수 그림)

그녀의 작품 중에서 영화 속 주인공 '카야'의 이미지를 묘사할 시금석으로 〈At Eutaw Spring〉를 골랐다.

흥미로운 사실은 앨리스 역시 자연 속에 칩거하는 카야처럼 자기 그림의 원천이 된 남부 캐롤라이나 찰스턴의 습 지대를 벗어나지 않았다고 한다. 그곳에서 무려 60년 동안 안개가 머금은 듯한 흐릿한 습 지대와 도요새와 물떼새들을 그렸기 때문이다.

실제 인물인 앨리스가 캐롤라이나 야생 습지의 대자연을 화폭에 옮겼다면 작품 속 인물인 카야는 그곳에 서식하는 동물과 식물을 그림으로 박제한 것이다. 그리고 이 둘을 뉴먼 감독이 연결해 준 것이고 말이다.

많이 알려진 사실대로 이 영화는 할리우드 스타 배우 리즈 위더스푼이 델리아 오언스의 원작 소설에 감명을 받고 직접 판권을 사들이면서 시작되었다. 그녀가 이처럼 적극적으로 뛰어든 이유가 단지 바클리 코브의 자연이 선사하는 아름다움 때문이었을까?

영화는 바클리 코브 습지 지대의 망루 아래에서 어떤 사내의 시신이 발견되는 장면으로 시작한다. 그리고 곧 살인사건의 용의자로 지목된 카야가 체포되어 철장에 구금되는데 이때부터 화면은 그녀의 과거로 거슬러 올라간다. 그녀의 어린 시절은 처절하게도 박복했다. 아버지의 습관적인 폭력과 무자비한 인성 때문에 엄마도 떠나고 다른 남매들도 모두 떠났다. 그리고 원인 제공자인 아버지마저 그녀를 홀로 두고 사라졌다. 오두막에 홀로 남겨진 카야는 매일 아침이면 자연의 눈부신 황홀경을 감상할 수 있었지민 황혼이 사라지자마자 엄습하는, 외로움을 감싸안은 적막에 맞서 매일 밤마다 싸워야 했다.

어느덧 성인이 되었다. 그렇다고 외로움이 결코 사라지지 않았다. 게다가 시내에 사는 동네 사람들이 어릴 때부터 만들어준 '습지 소녀 Marsh Girl'라는 오명 역시 그대로 남아 있었다. 장님 나라에서는 외눈을 가졌어도 비정상 취급을 받는다는 이야기가 있다. 이는 보편적인 인간들의 세계와 사뭇 다르지 않다. 인류가 무리를 이루면서 배타성과 편견을 가지고 살아온 지 꽤 오래되었으니 말이다. 우리와 다르다면, 그것도 아주 많이 다르다면, 좀 나은 것이 있더라도 정상으로 용납이 안 되는 거다.

그러다 체이스라는 동네 부잣집 아들이 그녀에게 다가간다. 사실 그는 그녀의 포식자였다. 거짓 사랑을 가슴에 달고 그녀를 지속적으로 괴롭히고 학대했다. 결국 그의 폭력적인 언행은 카야가 한동안 잊었던 아버지의 기억을 소환시켰다. 그리고 다시 영화는 현재로 돌아온다. 망루 아래의 시신이 누구였을까? 체이스의 주검이었다. 그렇다면 누가 범인이었을까? 카야의 복수였을까?

예상했듯이 동네 주민과 보안관은 충분하지 않은 진술과 증거를 가지고 그녀를 범인으로 몰아간다. 하지만 왕따였던 그녀에게도 우군은 있었다. 자진해서 변론을 맡은 톰 밀턴 아저씨와 점핑 부부가 그렇다. 그리고 다시 고향으로 돌아온

⟨가재가 노래하는 곳⟩ 중 카야의 모습 (김지수 그림)

옛 남자친구 테이트와 친오빠 역시 그녀를 응원한다.

영화 ⟨가재가 노래하는 곳⟩은 미스터리 추리극의 서사를 가졌다. 하지만 이는 외피에 불과하다. 영화(원작)의 메시지는 우리 사회가 현재까지도 해결하지 못하거나 미온적으로 대처하고 있는 인종, 계급, 지역, 환경 등과 관련된 이슈들을 환기시킨다.

작가 룰루 밀러의 《물고기는 존재하지 않는다》에서 던진 메시지는 삶의 질서 속의 '범주화'가 지닌 위험성에 대한 경고였다. 영화 '가재가 노래하는 곳'도 이와 같은 결을 가진다.

다름으로 인해 생겨나는 편견 그리고 낙인이라는 정서적 살인을 폭로한 것이다.

그렇다면 주인공 카야는 이런 편견과 차별에 어떻게 대처했을까? "자연에는 선과 악이 없어요. 다 자기가 살기 위해 하는 행동이죠". 그녀가 영화 속에서 무심코 던진 말이다. 그런데 이 말을 듣고 나서 기분이 묘해지면서 편하지가 않았다. 그녀가 자연을 통해 얻어 낸 것과 우리가 도시에서 배우고 체득한 각자도생의 삶이 별반 다르지 않아서다.

'가재가 노래하는 곳'은 어디일까? 습지를 이루는 물가의 상류일까? 아니다. 이는 원작자 델리아 오웬스의 친어머니가 성장기에 말하곤 했던 구절을 바탕으로 지었다고 한다. 어머니가 말한 그곳은 현대 사회에서 아주 멀리 떨어진 고립무원의 장소이자 자연으로 출발하는 곳을 의미했다고 한다(소설 17장에서 자세히 나온다). 바로 그녀가 한평생 살아왔던 습지 지대와 오두막이야말로 '가재가 노래하는 곳'이었던 것이다. 선과 악이 없는, 그냥 생존을 위해 버티고 몸부림치는, 자연성의 연원이 꿈틀거리고 넘쳐나는 그곳 말이다.

걸어야 비로소 보이는 것들

성수동 2025, 천이 지대의 변신

　서울 숲 주변 한강 둔치 가까이에 멋스럽게 우뚝 선 아파트 트리마제가 위치한다. 그리고 맞은 편에는 성수동 성당이 자리하는데 둘 사이에 1km의 제법 긴 골목길 성덕정길이 존재한다.

　성덕정이라 하니 정자가 연상된다. 맞다. 당시 임금이 저 멀리 연무단에서 군사훈련을 하는 병사들을 잘 지켜볼 수 있게 마련한 장소가 성덕정이었다. 현재는 그 흔적을 찾을 수 없고 주로 연립주택과 작은 상가 몇 개가 운집한 변두리 동네로 지내온 지 오래되었다. 그러다가 몇 년 전부터 힙스터들이 출몰하고 왕래하기 시작했다.

성덕정길의 인기 맛집 CHURRO 101

   무언가 새로운 곳을 갈망하는 젊은 친구들에게 성수동이 힙플레이스로 알려진 계기는 이곳 연무단길의 대림창고가 그 시작이다. 이른바 도시재생의 표본이자 메카로 부각되면서 부근의 카페와 여러 상업시설 역시 그 문법을 따랐다. 그리고 홍대 앞이 대중화면서 그 특유의 창의적 정서가 인근 동네로 확산되었듯이 성수동 역시도 여기 성덕정길과 뚝섬역 골목거리의 노후한 가게와 주택들을 환골탈태시켰다.

   1990년 전후에 마포구 서교동 홍익대 정문을 기점으로 예술가들의 아틀리에, 문화 공간 그리고 세련된 카페와 상업시설들이 주변 지역에 밀집되기 시작했다. 그리고 힙한 거리의 대명사 '홍대 앞'이란 명칭이 자연스레 부여되었다. 아마도 당시 누군가가 '우리 홍대 앞에서 만나' 했었나?

이후 홍대 앞의 아우라는 마치 붉은색 종이에 염기성 용액을 떨어뜨리면 푸른색으로 변하는 리트머스 시험지 마냥 인접한 변두리 동네를 예술과 상업 문화 공간이 공존하는 홍대 벨트로 편입시켰다. 상수, 합정, 연남, 망원 등이다. 물론 하루아침에 이뤄지진 않았다. 그러기에 30여 년이 걸렸으며 기존 거주자들과 임차인들이 내몰리는 젠트리피케이션을 피할 수 없었다.

젠트리피케이션이란 현상과 그 폐해가 대중에게 알려지기 시작한 지 어느새 10년 가까이 되어 간다. 그만큼 이 용어는 친근해졌다. 하지만 원래 살던 자들과 공간 그리고 새로 이주해 오는 이들과 장소와의 온도 차는 여전히 좁혀지지 않는다. 이러한 지난한 과정을 소비자로서, 직무의 일환으로 대중 소비와 라이프 스타일을 늘 관찰하는 입장에서 지켜보니 변한 것들 이전의 '원래의 것들'의 오리진(기원)이 궁금해졌다.

원래의 것들은 변화에 침묵하여 대체로 낡고 낙후된 환경에 둘러싸였으며 그것들이 위치한 곳은 앞서 말했듯 도심에서 떨어진 외곽에 있다. 어떤 지역의 가장자리를 말하는 변두리 말이다. 직장이 위치한 도심 근처는 땅값이나 임대료가 비싸서 가격이 싼 곳을 찾다 보니 외곽까지 이르러 보금자리를 마련한 것이다. 누가? 대체로 서민들 혹은 외부에서 온 형편이 넉넉하지 않은 이주자들 말이다.

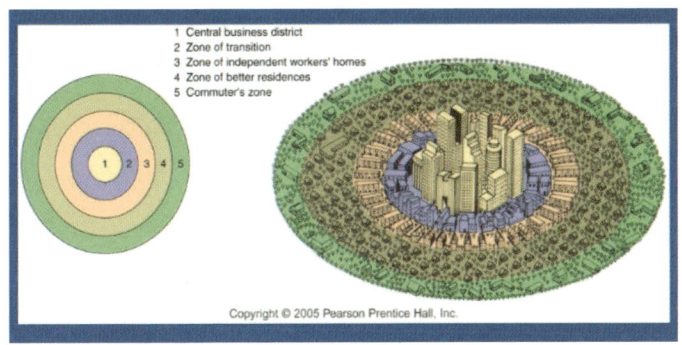

버제스의 동심원 이론 (출처: Pearson Prentice Hall, Inc.)

이렇게 경제, 생태학적 입장에서 도심과 거주지의 구성과 유형을 연구한 학자들이 많은데 어니스트 버제스Earnest Burgess의 동심원 이론concentric zone theory이 한때 주목을 받았다.

그의 주장은 이렇다. 직장과 상업 공간이 중심을 이루는 도심을 원점으로 5개의 층화인 '중심 비즈니스 지대, 천이 지대, 근로자 거주 지대, 중산층 거주 지대, 통근자 거주 지대'가 동심원처럼 이루어진다는 것이다.

물론 거의 백 년 전인 1925년 미국 시카고시를 대상으로 한 연구라서 현대의 도심과 주거지역에 적용하기에는 무리가 따르지만 홍대 벨트에 속하는 동네들을 이에 적용시킨다면 통근자 거주 지대에 가깝다. 반면 원래 잘 살던 동네였던 서교동은 중산층 거주 지대라 볼 수 있겠다. 동심원으로 친다면 종로, 신촌에서 보다 가까우니 말이다.

그리고 천이 지대 zone of transition 라는 낯선 단어에 눈길이 갔다. 이는 도시의 중심업무지구를 둘러싼 지대로써 상업이나 경공업에 의해 침범되어 슬럼화되는 지역을 말한다. 단정한 옷매무새를 갖춘 도시의 남녀 마냥 정갈하거나 화려한 외관을 갖춘 상업 지역과 달리 그러한 꾸밈에 쓰이는 각종 자재를 생산하는 공장과 설비업체가 범람하다 보니 주변 환경이 어수선하고 산만해질 수밖에 없었던 것이다.

그런데 왜 하필이면 도심 바로 옆에 존재하는(했던) 것일까. 도심과 가까워야 각종 수급이 원활하고 신속하게 돌아가기 때문이었을 것이다. 예를 들어, 뉴욕시 맨해튼 바로 옆 브루클린이 그랬다. 불과 15년 전에도 도심에 필요한 건물 자재와 상품을 만드는 공장들이 즐비했었다(7년 전 브루클린의 부시윅 bushwick 지역을 방문했었는데 공장을 개조한 멋진 공간에서 불과 몇백 미터도 안 되는 근거리에 부랑자들로 보이는 다수 무리를 목도한 적이 있었다).

그렇다면 우리나라 서울에 대표적인 천이 지대가 있을까. 현재 청계천 주변 종로 공구 상가 일대를 다녀본 이들이라면 고개가 끄덕거려질 것이다. 또한 아직도 윤전기가 쉬지 않고 돌고 있는 을지로 일대. 그뿐인가 영등포 문래동과 앞서 소개한 성수동 역시 대표적인 천이 지대다.

그런데 버제스가 말한 천이 지대는 현대에 들어오면서 의미를 잃게 되었다. 교통망의 발달에 따라 운송수단이 빨라지고 각종 유통채널의 다각화가 이루어지다 보니 굳이 도심 근처에 생산 지대를 조성할 필요가 없어진 것이다. 그래서 싼 값에 나온 빈 공장과 가게들은 배고픈 예술가와 힙스터들의 아지트로 낙점이 되었으며 현재의 모습을 갖추게 된 것이다.

수상한 홍대 앞 주차장 거리

홍대 앞 상상마당 앞의 주차장 거리가 사라졌다. 걷기 좋은 공원으로 탈바꿈한 것이다. 그런데 예전부터 이 주차장 거리가 수상했다. 지금이야 그 주변 건물이 죄다 상업시설이니 대형 주차장이 있을 법하다고 생각할 수 있으나 1990년대 초반만 하더라도 1~2층짜리 단독주택이 즐비했던 곳이다. 당시 서울 어느 주택가에도 이처럼 커다란 주차장이 조성된 곳이 없었다. 서교동 일대가 부촌이긴 했어도 시에서 도심 주택가에 굳이 주차장을 만들어줄 이유가 있었을까?

주차장 길을 따라 홍대입구역 방면으로 따라가다 보면 약간의 내리막길이 시작되고(그 우측으로 빠지면 프리마켓이 곧잘 열리는 자그마한 공원이 있다)그 길 중심에 이상야릇한 상점들이 포진되어 있다. 오래된 노포가 있었을 것 같은, 아슬아슬한 구조를 가진 2~3층 구조의 가건물들이 기차처럼 쭉 이어졌고 그 1층에는 구제 옷이나 값싼 액세서리를 파는 가게로

서교 365 길

이루어져 있다.

　보통 상가 건물은 길을 가운데 두고 양측에 조성되는 것이 상식인데 여기는 상가 건물 사이의 큰 골목길 중간에 센터라인으로 자리 잡았으니 말이다. 생각할수록 희한하다. 주차장과 센터라인의 건물은 어떻게 생겨난 것일까?

　1980년에 폐선된 철도에 그 답이 있다. 주차장 거리와 센터 라인에 조성된 낡은 건물이 바로 철로가 지나갔던 자리였던 것이다. 그리고 이 허름한 건물 일대를 서교 365라 부른다. 상수역 그러니까 한강과 맞닿은 곳에 위치한 당인리 발전소는 과거 무연탄을 동력 삼았던 화력발전소. 무연탄 공급을 위해서 현재 경의선 철길 공원의 동교동 방면에서 시작하여 (현재) 주차장 거리를 관통하고 상수동 골목길로

이어지다가 발전소 내부까지 연결된, 약 1.6km의 철로가 존재했다. 이를 당인리선이라 불렀다.

첨언하자면 현재 각종 버스킹이 이루어지는 공원 터(어울마당로)는 불과 10여 년 전까지만 하더라도 낡은 상가 건물이 다닥다닥 붙어 있던 곳이다. 주로 홍익촌 같은 주점과 분식집들이 주를 이루었는데 여기 역시 동교동 방면에서 시작하는 당인리선의 철로가 있었던 구간이다.

결국 90년대 초반 홍대를 드나들던 부류는 주차장 거리의 돈 많은 부르주아와 힙스터 그리고 홍대입구역 주변 허름한 먹자촌을 찾는 범용 소비자로 나뉘어졌다. 따라서 홍대 기반의 보헤미안 예술가들은 오히려 이 양분화된 지역보다 홍대 정문을 축으로 좌우로 분산된 화랑, 문예 센터, 소극장 및 이들 지역의 빈틈 또는 조금 외딴 곳의 지하에 그들의 아지트를 형성했다. 그것들이 상업적 목적과 예술, 문화에 결핍된 취향 소비자들과 조우하여 후에 발전소, 블루 데블, 명월관, 황금투구, 드럭 등으로 탄생한 것이다.

그렇다면 당인리 발전소는 언제부터 시작되었을까? 일제 강점기에 만들어졌다고 한다. '당인리'는 '당나라 사람'이 많이 사는 곳을 의미한다. 청나라가 들어서도 중국인은 죄다 당나라 사람으로 인식하던 풍토가 남긴 지명이다. 그런데 1980년 에너지 공급이 석유(현재 LNG)로 바뀌면서 이 라인이 폐선되었고 관리가 되지 않는 땅에 불법 건축물과 주차장이 조성된 것이라 전해진다. 결국 폐선 이후 홍대를 드나들던 예술인과 재학생에게는 은근 숨겨졌던 역사인 셈이다.

일본의 조카마치와 시타마치

일본의 도쿄 지하철은 복잡다단하다. 그래서 도쿄 초행길에 오른 이들에게는 진짜 지옥철이기도 하다. 그런데 몇 가지 핵심 개념만 이해하면 그 공포에서 한결 편해질 수 있다. 딱 세 가지만 정확히 알고 이해하면 그 미궁에서 벗어날 수 있다. 도쿄 순환 철도, 도쿄 메트로와 도영 지하철, 사철이다.

우선 도쿄 순환 철도는 이른바 JR 야마노테선을 말한다. 도쿄 주요 장소를 대충 포물선 모양으로 순환하는 지상 철도다(지상으로 다니니 지하철이 아님). 이 노선은 신주쿠, 도쿄, 시부야, 에비스역을 포함하여 총 29개역을 가진다. 그리고 그중 한 개만 제외하고 모두 환승역이니 도쿄 철도 핵 중의 핵이라 보면 된다.

도쿄 메트로와 도영 지하철은 그 야마노테선의 내부를 왔다 갔다 하는 지하철을 말한다. 흥미롭게도 1과 2는 모두 국영 소속이다.

마지막으로 사철은 도쿄 중심 외곽 혹은 타지역에서 도쿄 내부로 진입하는 모든 열차를 말하는데 대부분 민간 소유의 철도다.

JR 노선에서 탑승을 기다리는 사람들

자, 이렇게 세 개의 구분이 정확히 이해되었으면 이 세 가지를 경유하는 탑승을 상상해 보자.

기치조지에서 출발하여 하라주쿠 가기

관광객들에게 무척 친근한 JR 환승역 시부야역은 야마노테선이며 그와 더불어 (무척 가까운 이웃사촌으로서) 물리적 삼각을 이루는 오모테산도와 하라주쿠는 도쿄 메트로와 도영 지하철 노선에 자리한다. 반면 기치조지는 거기서 먼 외부에 있다.

그래서 기치조지에서 출발하여 하라주쿠로 가는 노선은 사철에서 출발하여 JR 시부야역에서 내린 다음 하라주쿠로 가는 도쿄메트로나 도영 지하철로 갈아탄다. 이때 역 밖으로 나가서 근처에 있는 다른 역사(대부분 지하)로 가야 한다. 우리나라의 경우 아무리 걷는 거리가 멀어도 대부분 지하에서 통용이 되는데 말이다. 일본은 사철과 국영 지하철 그리고 지상철도의 주체가 각기 다르기 때문에 이런 불편이 생겼다.

하지만 이런 식으로 개념만 정확히 이해하면 JT, JK, S, IN, M 등의 기호를 외울 필요도 없거니와 그냥 1, 2, 3 철도의 구분 그리고 이게 섞이면 지상역 외부로 나가서 지하로 다시 들어가는(또는 반대) 상황만 예상하고 실행하면 끝이다. 더 이상 고민할 필요가 없다.

이렇게 도쿄 철도 사용법을 읊은 이유는 사실 따로 있다. 바로 야마노테의 숨은 뜻을 설명하기 위해서이다. 야마노테山手는 한자 그대로 고지대를 말한다. 이 명칭은 과거 에도 막부 시절부터 이어져 내려온다. 당시 잘 나가던 사무라이들과 고관대작들의 거처가 있던 곳이 주로 에도 성(지금의 고쿄(도쿄역 부근)) 서쪽 높은 지대에 위치했기 때문이다. 그리고 성 아래의 마을 그러니까 조카마치城下町는 이들 지배층들의 문화, 환락 소비를 위한 곳이었는데, 정작 그것들을 만들어 내는 장인, 상공업인(조닌町人)들은 성 북쪽의 외진 곳에 살았다. 이들이 살던 곳을 시타마치라 한다.

시부야 오쿠시부의 후글렌 카페

정리하자면 현재 야마노테선이 순환하는 주요 역들과 그 안쪽은 과거 지배층들이 거주했었던 야마노테 지역과 동일하다고 보면 된다. 지금도 당시와 마찬가지로 일본의 부가 집중된 지역들이다. 과거와 현재의 야마노테는 변함이 없다.

반면 시타마치는 가난에서 벗어났다. 뉴욕 맨해튼 이스트와 브루클린이 보헤미언의 시가 읊어지고 마약이 거래되던 곳에서 라떼를 팔고 반려견과 함께 산책하는 양지로 재탄생되었듯이 말이다.

추가로, 시부야역은 앞서 말한 JR 야마노테선 서쪽 라인의 초거대 환승역이다. 외부 지역에서 사철을 타고 도쿄 주요 도심에 접근할 시 반드시 거쳐야 하는 곳이기 때문에 지정학적 특성에 기반한 교통 요인 덕분에 상업적으로 엄청나게 발달된 부도심이다. 바로 옆 미나토구(롯본기 등) 역시 그에 밀리지 않은 부촌을 형성하고 있다. 그런데 요즘 도쿄의 인싸들은 시부야역 스크램블 근처에서 놀지 않고 오쿠시부에 둥지를 튼다. 마치 국내 인싸들이 이젠 더 이상 홍익대학교 인근의 주차장 거리가 아닌 좀 먼발치의 상수동, 망원동, 연남동에서 만나듯이 말이다.

2장

사람을 읽는 감각:
현재를 읽는 문화 소비의 최전선

사람을 읽는 감각, 그 최전선에는 기술·문화·자아·정서·삶의 방식이 얽힌다. 우리는 과거의 기술 낙관과 향수를 소비하면서, 동시에 희소성과 독창성에 매혹되는 문화적 정서를 살아간다. 자아는 타자와의 관계 속에서 탄생하며, 타인의 시선 속에서 나를 정의하는 사회적 존재다. 과도한 경쟁과 비교가 낳는 무력감과 냉소는 결국 행복하지 않기 때문이며, 독서와 사색은 그 감정의 회복을 돕는다. 워라밸 논의도 결국 어떻게 살아야 내가 행복할 수 있는지에 대한 질문으로 수렴된다. 지금 우리가 소비하는 문화는 단순한 취향을 넘어, 자기 이해와 시대의 맥락을 읽는 감각이다.

일본의 공학 사랑

1970년대 말과 1980년대 초 어린이 신분이었던 이들에게 만화 영화란 꿈과 희망과 즐거움이 한데 뭉친 해피 종합 세트였다. 매일 오후 4~5시경 TV를 켜면 주간 만화 영화가 방영되었는데 〈케산〉, 〈차돌이〉, 〈짱가〉, 〈날아라 태극호〉, 〈개구리 왕눈이〉, 〈마린보이〉 등이 일 별로 등장해서 지루할 틈이 없었다. 그때 설거지를 하는 모친의 뒷모습을 바라보며 이렇게 재미있는데 엄마는 왜 안 보는지 늘 궁금했지만 묻지 않았다. 그런데 그 궁금함은 수십 년이 지나 당시 나만했던 아들 녀석이 보는 영상물을 확인하고 나서야 해결되었다. "어휴 정말, 저런 걸 보고…."라는 생각이 절로 든 탓이다.

지금은 다른 궁금한 점이 생겼다. 왜 그 당시 만화 영화는 유독 로봇 메카닉스와 우주 비행선 같은 기계물에 집착했을까? 〈철인 28호〉(1963), 〈우주소년 짱가〉(1972), 〈마징가

Z〉(1972), 〈그레이트 마징가〉(1974), 〈UFO로봇 그렌다이저〉(1975), 〈합신전대 메칸더 로보〉(1977), 〈기동전사 건담〉(1979) 등 말이다. 디깅 끝에 답을 찾았다. 그 연원을 알기 위해서는 지금으로부터 약 70년 전으로 돌아가야 한다.

2차 대전 그러니까 태평양 전쟁 이후 경제 복구를 위해 상당한 전력이 필요했던 일본의 요시다 정권은 미국 아이젠하워 정부의 원전 기술 구매 제의를 받아들였다. 이후 약 2억 3,500만 엔의 기금이 조성되면서 원자력은 일본의 주요 에너지로 자리 잡게 된다. 원전 기술이 불과 몇 년 전 일본 영토 두 곳에 떨어졌던 핵폭탄이 연상될 수 있는데도 말이다. 사실 일본은 핵의 트라우마하고는 상관없이 원자 에너지 연구를 진행하고 있었다. 1949년 일본 최초의 노벨상 수상자인 유카와 히데키의 수상 업적이 바로 '원자핵 내에서 핵력을 매개하는 중간자meson의 존재 예견'이었을 정도다.

여하튼 핵에너지를 관치 차원에서 육성하겠다는 선언이 나올 즈음 등장한 만화 영화가 있었다. 바로 테즈카 오사무의 만화 영화 〈철완 아톰(한국명 우주소년 아톰)〉이다. 아톰은 하늘을 날아다니며 악당을 무찔렀고, 그 힘의 원천은 100만 마력의 원자력 에너지였다. 여동생 아롱이도 있는데 그건 한국식 이름이고 일본에서는 우란이었다고 한다. 우란은 우라늄의 일본식 표기이다.

이 만화가 당시 일본에서 큰 인기를 얻었던 궁극의 이유는 원폭의 피해를 극복하는 힘은 원자력이라는 믿음 즉 원자력에 대한 자국민들의 희망이 엄청났었기 때문이었다. 따라서 일본 정부는 1950년대부터 아톰을 이용해 원자력을 적극적으로 홍보했다. 1970~1980년대 한국에서 〈똘이대장〉, 〈마루치 아라치〉 등의 만화 영화를 이용해 반공정신을 고양시킨 것과 마찬가지로 말이다.

'하늘을 나는 아톰'은 '꿈의 에너지 원자력의 상징'이었고 이후 일본은 1960~1980년대를 걸쳐 자동차, 전자 제품 등의 분야에서 기술 혁신을 바탕으로 한 첨단 기술의 개발과 상업화를 통해 일본의 경제 성장을 견인했다. 핵에너지 개발에 아톰이 등장했는데 공학과 첨단 과학 육성에 마징가 Z와 건담이 등장한 것은 전혀 이상한 일이 아니었다.

화성 판매

"다가오는 장래에 본 협회에서 계획 중인 화성 개발 사업이 성공할 시에는 귀하의 예약을 우선적으로 존중, 사업부지 내에 10만 평의 토지를 분양할 것을 증명하며 이 증서를 교부합니다." 여기서의 화성은 경기도 화성이 아니라 태양계에서 4번째 궤도를 돌고 있는 행성인 화성mars을 말한다.

1950년대 초 '일본우주여행협회'라는 단체를 창설하고, 1955년에는 당시로서는 아주 생소했던 '우주박람회' 전시도

기획했던, 작가 하라다 마쓰오가 실제로 행한 일이다. 이들은 화성mars의 토지 10만 평당 200엔에 팔았는데 실제로 수천 명의 사회 저명인사가 화성 땅을 구매했다고 한다. 사기 행각에 말린 건가? 그럴 리는 없었다고 본다. 왜냐하면 당시 하라다 마쓰오는 자라나는 청소년들과 시민들에게 과학을 알리기 위해 고군분투했었던 계몽주의자로 알려졌기 때문이다. 즉 '우주에 대한 관심'을 세간에 알리기 위한 이벤트에 기꺼이 동참한 쇼맨십으로 보인다.

여기서 20년을 더 거슬러 올라가면 1928년 교토에서 열린 박람회에 인조 로봇이 등장했음을 알 수 있다. 하늘의 뜻을 배운다는 뜻의 일본어 '가쿠텐소쿠学天則'가 그의 이름이었다. 사실 말이 로봇이지 인형 내부에 구동장치를 넣어 몇 가지 동작을 선보이는 기계장치에 불과했다. 하지만 종교적 느낌이 풍기는 독특한 외모와 로봇이란 낯선 존재감으로 인해 세간의 이목을 한꺼번에 받았다.

이와 같은 일본의 공학과 과학사랑은 언제부터 시작한 것일까? 일본은 19세기 중반인 1851년에 공학적 정밀 기술을 이용하여 이른바 '만년 자명종'이라는 시계를 발명했다. 절기, 월, 달의 위상 등을 표시하는, 천문학적 정보를 제공했다고 한다. 우리나라도 조선 현종 10년(1669년) 천문학 교수였던 송이영이 만든 천문天文시계 '혼천의渾天儀'가 있다. 시간 측정과 천문학 교습용으로 쓰였다고 한다. 그런데 세계 최초로 개발한 것이 아니라면 누가 먼저 만들었는지는 중요하지 않다. 얼마나 꾸준히 발전시켰는지가 더 큰 가치와 의미를 가지는 것 아닐까.

단 하나에 끌리는 이유

마트에서 흔히 보이는 희석식 소주는 과거에 25도라는 높은 도수를 가졌었다. 그러다가 현재는 16도까지 내려갔다. 이유는 간단하다. 하이볼 등 저도수 알코올음료를 선호하는 2030 세대가 주요 소비층이 되었기 때문이다. 그런데 반전이 있다. 이들 2030 세대가 고도수의 대명사인 위스키 트렌드도 주도하고 있어서다. 특히 싱글 몰트위스키를 중심으로 말이다.

위스키보다는 양주란 명칭이 친근한 50대 이상의 성인들에게는 이 싱글 몰트위스키는 생소할 것이다. 아주 쉽게 설명하자면, 위스키의 재료는 곡물인데 그중 보리barley를 발아시킨 맥아malt만 사용하면 몰트위스키 그리고 몰트와 여타 곡물들을 각각 발효, 증류, 숙성한 것들을 섞으면 블렌디드 위스키가 된다. 양주라 불렀던 조니워커, 시바스 리갈, 발렌

타인, 딤플 등이 대표적이다. 여러 곡물을 혼합하여 향과 맛의 발란스를 맞추고 무난한 목 넘김을 강조했기에 대중성을 확보했다. 반면 한 종류single의 맥아malt만 사용해서 만든 위스키인 싱글 몰트위스키는 풍미에 있어서 자기 개성이 강하며 브랜드별로 향과 맛이 다양하다.

무난함과 개성은 안정과 도전의 다른 말이다. 위스키가 고도수임에도 2030 세대의 트렌드 한 축을 이룬 이유가 여기에 있지 않았을까. 자기 주장보다 소속 집단 전체의 공통된 정서를 존중하고 따랐던 중년들이라 무난한 블렌디드 위스키를 즐겼고, 자기만의 취향을 고집하는 개인주의에 익숙한 청년들은 독특한 싱글몰트위스키를 선호하고 말이다.

기원 디스틸러리 VS. 김창수 위스키

소비력 강한 젊은 층에 의해 주도된 싱글몰트위스키의 열풍 때문이었을까. 약 5년 전 국내에도 싱글몰트위스키를 생산할 수 있는 양조장이 두 군데 생겨났다. 한국 최초의 싱글몰트위스키 증류소인 남양주의 '기원 디스틸러리(구 쓰리소사이어티스Three Societies distillery)'과 싱글 몰트위스키를 만드는 국내 최초의 한국인 마스터 디스틸러가 있는 김포의 '김창수 위스키'이다.

기원은 2020년 양조장 설립 후 2021년 한정판 제품을 냈으며 김창수 위스키 역시 2020년 양조장을 만든 후 2022년 첫 제품을 출시했다. 물론 이후에도 간간이 제품을 내놓았다. 그리고 작년 2024년 김창수 위스키는 첫 오피셜 위스키 '김포'를 내놓았으며, 쓰리 쏘사이어티는 한정판 싱글 캐스크인 'Korean Bar Edition'을 냈다.

어찌 보면 지난 4~5년의 시행착오와 각종 경험을 발판으로 삼아 빌드업된 최고의 역작을 탄생시킨 듯하다. 그런데 구매는 둘 다 애초부터 글렀다. 김포는 말이 오피셜이지 총 2천 병 중 내수로 풀린 800병이 전작과 마찬가지로 삽시간에 오픈런으로 사라졌다. 워낙 적은 수량이라서 몇 군데는 전날 저녁부터 진을 치는 이른바 폐점런이었다고 한다.

기원 코리언 바 에디션은 올로로쏘 셰리 와인을 숙성시켰던 250L 용량의 혹스헤드 오크 통에 4년 동안 숙성시켰던 것인데 286병만 나왔다. 바꿔 말해서 4년 동안 50리터 앤젤스 쉐어 즉 20%가 증발된 것이다. 한국의 한여름 더위 탓이다. 스코틀랜드라면 동기간에 4~6%만 날아갔을 것이다. 각설하고, 이 286병이 일반 소비자가 아닌 200군데의 위스키 바에만 공급되었다. 결국 이 둘을 시음이라도 할라치면 두 가지 모두 구비한 바를 수소문해서 찾아야 한다는 뜻이다.

마침 충무로의 스피크이지 바 speakeasy bar '숙희'에 있다는 제보를 듣고 찾아가 비교 시음을 했다. 다음은 당시의 김포 시음 기록이다.

기원 Korean Bar Edition VS. 김창수 위스키 김포

"김포의 첫맛은 가볍고 화사하고 셰리 특유의 기분 좋은 꼬릿한 달큰함이 돋보였다. 그런데 15분 안팎의 시간에 걸쳐 에어레이션(산소와의 접촉)이 진행되니 피트향(소위 병원 냄새로도 불리는 스모키향)이 좀 더 도드라지고 초기의 꼬릿한 맛은 묻혀갔다.

따라진 20ml가 거의 사라진 무렵의 맛은 피트의 스모키함과 우아한 시트러스 풍미의 조화가 잘 어우러진 라가불린 16이 연상되었다. 무엇보다도 알코올 50.1%의 고도수임에도 부즈(알코올 냄새)가 전혀 느껴지지 않았다."

그런데 의문이 생겼다. '김포'는 대부분 셰리 와인과 보르도 와인을 숙성시켰던 캐스크 9개의 숙성 원액을 잘 블렌딩

한 것인다. 피트향과 맛은 어디에서 왔을까? 숙성시킨 두 종류의 스피릿 중 하나가 스코틀랜드에서 직수입한 피티드 몰트peated malt를 발효, 증류한 것이라 그렇단다.

기원 코리언 바 에디션은 바에 준비된 것은 아직 개봉을 안 한 것이라 첫 오픈의 영광을 누렸다. 스파이시한 타격감이 먼저 올라온다. 역시 56.7도를 무시할 수 없다. 시간이 지나니 올로로쏘 셰리 고도수 싱글 몰트 특유의 꼬릿한 장향이 혀를 감싼다.

10여 분이 지나 어느 정도 에어레이션이 된 뒤의 맛은 어땠을까. 셰리 애호가들 사이에서 자주 언급되는 카발란 솔리스트 올로로쏘 셰리, 로얄 브라클라, 글렌드로낙, 글렌알라키 등 셰리 캐스크 숙성 위스키에서 느껴지는 전형적인 셰리 풍미가 그대로 감지되었다. 국내 위스키에서도 이런 맛을 낼 수 있다니 놀라울 따름이다.

1990년대 말 할리우드 영화를 선망했던 대중에게 국산 영화 〈쉬리〉가 등장하자 그들은 유사 할리우드 한국 영화가 탄생했다고 좋아라했다. 이후 우리 영화가 어떤 비약적 발전을 했는지는 봉준호, 박찬욱 감독을 거론하지 않아도 누구나 안다. 현재의 코리안 싱글 몰트위스키가 딱 쉬리의 시점 같다. 가장 한국적이면서도 글로벌 기준에서 벗어나지 않는 맛이 조만간 등장하리라 본다.

자아는 이기적이지 않다

오전 출근길 라디오 시사 프로그램을 듣는데, 손님이 대폭 줄어 힘들어진, 엄마의 생선 가게를 도와달라는 딸의 간곡한 호소문이 화제란다. 지난달 20일에 이 글이 X(전 트위터)에 올려진 후 조회수가 무려 9천5백만을 넘었는데 흥미롭고 감동적인 점은 현재 엄마의 생선 가게는 알바를 고용할 정도로 대박 장사로 거듭났다는 거다.

이 호소문을 심지로 삼아 부모님의 가게를 알리는 '딸들의 릴레이'가 이어지고 있다. 생선 가게와 더불어 일반식당, 치킨집, 고깃집 심지어 철물점에 이르기까지 동네 소상공인의 딸들이 연대를 형성한 거다. 릴레이에 참여한 집들 역시 대부분이 성업으로 돌아서고 있다고 전한다.

그중 아버지의 철물점을 소개한 딸의 인터뷰가 무척 인상적이고 쿨하다. "저희 아버지가 30년째 한 자리에서 철물점을 하셨어요. 그런데 손님이 줄고 장사가 안 되어 힘드신 거예요. 저라도 이렇게 나서서 알려드려야 해서요. 그런데 저희 아버지가 막 친절하진 않아요. 무뚝뚝하고. 그러니 너무 기대하지는 마세요. 그래도 30년을 하셔서 실력은 좋아요."

이러한 감동의 이벤트를 '효심 가득한 딸들에 대한 심성 좋은 트위터들의 조력'이 낳은 결과로만 해석하기엔 부족하다. 자기 주체적 신념과 태도를 밑천으로 한 나다움이 개인주의의 선을 넘어 이기주의와 각자도생을 생존 철학으로 삼아도 이상하지 않은 작금의 현실과 비대칭을 가져서다.

그렇다면 근원적 전제를 다시 한번 생각해 봐야 한다. '자아$_{self}$는 이기적'이라는 통념 말이다. 마침 이에 관한 책 몇 권을 읽고 있었는데 이를 인용해 본다.

'인간의 자아가 이기적이다'란 발상은 나의 정신을 전제로 자아가 형성되고 이를 기반으로 타자 혹은 환경과의 상호작용이 발생한다는 비교적 보편화된 상식에서 출발한다. 그런데 반대로 사회적 상호작용이 있어야만 비로소 정신이 발달하고 자아가 구성된다면 어떨까? 이를 주장한 학자가 있었다. 미국의 철학자이자 사회심리학자였던 조지 허버트 미드 교수이다.

예를 들어, 한 남성이 어떠한 열매를 먹으면 배가 아프다는 것을 발견했는데 그는 곧 다른 사람들에게 이것을 먹지 말라고 표현하려 한다. 그때 '위험해'라는 말이 등장하는 것이다. 다시 말해서 행위자가 먼저 '위험'이라는 개념을 갖고 난 뒤, '위험해'라는 단어를 외치는 것이 아니라 위험한 상황을 경험한 후, 그러한 개념이 형성되는 것이다. 즉 '위험'이라는 개념은 외부와의 상호작용 하에서 나타나는 것이다.

미드 교수는 이를 이론으로 정립하여 '상징적 상호작용론'이라 칭했다. 외부와의 상호작용을 통해 동시에 개념이 형성되고, 타인에게 '자신'을 설명할 필요가 있기에 자아가 등장하니 의식은 곧 '사회적 자아'라는 거다.

따라서 '자아'는 인간의 '본연적 이기심'이 주된 요인이 아니라 타자와의 관계에 의해 체득되고 형성한 '사회적 관계' 그러니까 다른 사람들의 자아와 공존할 때만 나의 자아도 존재 가능해진다는, 타인의 존재 가치에 무심한 이 시대에 묵직한 시사점을 던져 준다.

이런 점에서 앞서 이야기한 '딸들의 릴레이 호소문' 이슈는 타자와 나의 공존에 대한 실천적 사례라 볼 수 있다.

그리고 아예 진화학자 리처드 도킨스의 《이기적 유전자》는 틀렸다고 직설하며, 유전자는 우리의 생각과 행동에 반응한다는, 인간의 생물학적 본성을 연구한 학자가 있다. 최근 국내에도 출간된 '공감하는 유전자'의 저자인 신경과학자이자 내과 전문의 요아힘 바우어 박사이다.

그는 저서에서 자유 의지로 타인을 돕는 사람이 이로운 유전자를 활성화시키며, 우리의 자아는 다른 사람과 분리될 수 없기에 사람 간의 공감은 인격의 필수 요소라는 다소 잠언적 아포리즘 같은 말들을 설파한다. 그리고 이러한 주장을 '인간의 몸은 자신이 겪은 사회적 경험에 의한 심리학적 특성이 생물학적 변화로 반응한다'는 다수의 의학적 증거들과 더불어 제시한다. 예를 들어, 의학계에서 불과 몇 해 전에야 발견했다는, 우리가 자기 자신에 대해 지닌 생각과 신념 그리고 확신은 두뇌에서 이를 담당하는 신경세포 연결망 중 '자아 연결망'에 연결되었다는 것이다.

사람들을 대상으로 '삶에서 어떤 가치가 제일 중요한지'를 깊이 집중적으로 생각하는 실험을 했는데 여러 신경세포 연결망 중 특정한 곳에서 활성화 신호가 뚜렷해서 이를 자아 연결망이라 명명했다. 이는 전두엽의 아래층에 위치하는데 현재 우리가 어떤 감정을 느끼는지, 스스로 어떤 성격적 특성을 지녔다고 생각하는지, 고유의 신체적 특성을 어떻게 여기는지가 저장되어 있다고 한다.

미드 교수와 바우어 박사는 태생에 있어서 약 90년 정도의 간극을 가진다. 그럼에도 그들의 논지는 시대를 넘어 같은 공명을 가진다. 자아는 스스로 자라나는 것이 아니라 사람들과 주고받으면서 가꾸어지기 때문에 사회적 관계의 그물망에 엮인 주체적이고 자율적인 자아는 자기 계발과 성취는 물론이고 인간 사이의 연대와 사회 친화적인 삶의 태도 같은 '좋은 삶'을 추구할 수 있다는 점 말이다.

애덤 스미스의 말로 마무리해 본다 '인간은 본연적으로 이기적인 존재이기에 '보이지 않는 손'에 의해 저절로 유지되는 자유로운 시장체제가 추구해야 된다'는 말의 피해자이기 때문이다. 그는 결코 그런 말을 하지 않았다.

오히려 그는 이기적인 존재인 인간은 도덕적인 판단을 통해 그것을 조절해야 한다고 주장했다. 그의 저서 《도덕감정론》에서 도덕적인 판단은 마음속의 '공명정대한 관찰자 the real and impartial spectator'에 의해 가능하다고 보았으며, 타인의 감정을 간접적으로 경험하는 능력 즉 '공감'을 인간 도덕의 중심으로 상정했다. 결국 경제학자 애덤 스미스도 타인과의 연대를 통한 공명의 증폭을 말한 것이다.

향수를 부르는 음악

시티팝은 경제적 풍요로움을 상징하는가

〈소머즈〉, 〈육백만불의 사나이〉, 〈기동 순찰대〉, 〈전격 Z 작전〉 등 중년들의 유년 시절 TV 브라운관을 누볐던 인기 미국 드라마를 상기한다면 지금도 잊히지 않는 장면이 있을 것이다. 나의 경우에는 정작 드라마의 주연들보다는 극의 장면 전환이 될 때마다 살짝 등장했던, 세련된 도심의 고가도로와 이국적인 풍광과 어우러진 해변도로를 달리는 멋진 차가 떠오른다. 무엇보다도 그 짧은 장면을 더욱 인상 깊게 만들어주던 음악 역시 잊히지 않는다. 그 기억의 심리적 연원은 세계 최고 선진국의 도시가 지닌 물질적 풍요로움과 세련된 라이프 스타일에 대한 동경이었다.

운 좋게 서울의 중산층 가정에서 태어나 큰 결핍을 모르고 자라왔지만 한국의 1970~1980년대 경제는 이제 겨우 가난을 벗어나 서구화된 문명을 다급하게 좇던 시절이었다. 그리고 2020년 그러니까 약 40년이 지난 후 새로운 트렌드의 음악이 인구에 회자되었다.

시티팝city pop은 정말 잘 지은 이름이다. 왜냐하면 그냥 듣고 있기만 해도 멋진 도시를 누비는, 럭셔리 스포츠카를 여유로운 자태로 운전하고 있는 자신이 절로 연상되기 때문이다. 멋지나 다소 큰 선글라스가 얼굴에서 내려올까 싶어 턱을 살짝 올리고, 팔 하나는 창가에 걸쳐 놓은 포즈도 상상해 볼 수 있겠다.

그래서 이 장르에 대한 구구절절한 음악적 설명을 알지 못해도 음악을 즐기는 데는 상관없다. 브라스 밴드 주축, 횡키 사운드의 그루브함, 흑인 리듬 앤 블루스 R&B에 기초, 모던 재즈의 컨템포러리적 응용은 알지 못해도 된다는 이야기이다. 그런데 우리에게 건네진 시티팝은 영미권에서 온 것이 아니다. 바로 가깝고도 먼 나라 일본에서 왔다.

요즘 MZ세대 사이에서 부는 위스키 열풍의 단초 중 하나인 하이볼과 마찬가지로 시티팝 역시 일본에서 만들어진 이름이다. 일본의 경제 버블이 한창이던 1970~1980년대 그들 삶에 깃든 여유, 낭만, 풍요를 나타낸 대중음악이다. 그리고 음악적 기반은 앞서 말한 미국의 재지하면서도 그루브한 펑키에 바탕을 둔 모던 팝이다.

재미있는 사실은 이 용어가 당시에는 없었다는 것이다. 시티팝이라는 말은 1990년대 들어서 사용되었다. 심지어 우리에게는 무려 2018년 정도에 천천히 알려질 정도였다. 마치 르네상스, 산업혁명 그리고 미드 센츄리 모던 등의 워딩들 역시 나중에 학자 혹은 전문가 그룹에 의해 명명된 것처럼 말이다.

여하튼 시티팝의 재유행은 옛 가수 타케우치 마리야의 〈Plastic Love〉가 마치 원조 곡처럼 소문을 타고 등장하면서 일기 시작했다. 그리고 일련의 원조 J City Pop은 물론 국내의 김현철, 빛과 소금까지 소환되었다. 당장 유튜브에서 '시티팝'을 검색하면 국내 7080 시티팝, 요즘 뉴트로 시티팝, 일본 원조 시티팝까지 즐비하게 나열된다.

한국에서 시티팝이 유행하는 이유가 무엇일까? 쉽게 유추할 수 있다. 선진국 일본의 버블 절정기는 1980년대 후반에서 1990년대 초반이었다. 그런데 우리는 언제부터 스스로가 선진국이라는 느낌적인 느낌을 가질 수 있었을까?

아마도 2018년이 터닝포인트가 아닐까 싶다. 일본의 1970년대처럼 말이다. 이 시기 전후에는 GDP 3만 달러 달성이라는 고도의 경제 성장뿐만 아니라 김영란법, 미투, 최저임금 상승, 갑질 고발, 정시 퇴근, 회식 문화 금지 등과 같은 소수자의 인권, 개인의 행복 추구, 공정하고 투명한 사회를

(좌)타케우치 마리아의 LP음반, (우)시즈카 쿠도의 앨범 〈Unlimited〉

바라는 시민 의식이 한층 고양되었고 변화가 일었다. 그냥 물 흐르듯 자연스레 지나간 세월 같지만 사실상 (선진국 진입 직전의) 엄청난 혁신의 시기 innovative era 였던 것이다. 이에 따라 여가, 대중문화의 발전 그리고 개인의 주체화가 발흥되었다 해도 과언이 아니다. 물론 아직은 물질주의적 개인주의자가 탈물질적 가치를 중요시하는 이들보다 높았고 그 대상들이 대부분 상위 20% 부모를 둔 자녀라는 한계는 있지만 말이다.

어쨌거나 결국 이제 살만한 세상이 되었으니 이 여유와 낭만의 느낌을 최대한 반영시킨 음악이 필요해졌다. 즉 일본에서 시티팝이 유행한 이유 중 하나는 과거 리즈 시절에 대한 향수이겠지만 우리는 이제야 시티팝이 필요한 시대를 맞이한 것이다.

사족으로, 2024년 뉴진스의 하니가 일본팬미팅 공연에서 불러 화제가 되었던 마쓰다 세이코의 〈푸른 산호초〉를 이야기한다. 항간에는 이 곡이 일본 버블경제시절을 상징하기 때문에 하나의 노래를 듣고 일본 중장년층들이 노스탤지어를 느꼈다고 한다.

그런데 정확히 말하자면 이 노래는 1980년대 후반의 버블경제하고는 무관하다. 1980년에 나온 노래이며 더욱이 시티팝 장르도 아니기 때문이다. 오히려 버블시대의 진정한 스타 중 하나는 1987년에 혜성같이 나타나 오리콘 차트 1위를 거머쥔 시즈카 쿠도였다. 데뷔곡 〈금단의 텔레파시〉로 시작한 그녀의 인기는 당연히 지금 들어도 무척 세련된 노래와 가창력 때문이었지만 무엇보다도 시즈카 쿠도의 미모가 한몫했다.

그녀의 CD 음반을 먼지 품은 꾸러미 속에서 찾아내었다. 가장 최전성기 시절인 1987~1990년까지의 히트곡들과 신곡 몇 개를 모아 놓은 앨범 《Unlimited》다. 아주 운 좋게도 앨범 발매 당시 구매했고 당시 모든 곡의 편곡에 놀랐다. 국내 가요에서는 찾아보기 힘든, 웅장하면서도 섬세한, 관현악과 일렉트릭 악기와의 앙상블이 귀를 황홀하게 해서다. 그때 "돈이 많으니 최고 최신 편곡 기법은 다 때려 넣었구나"라고 생각했었다.

검정치마와 드라마 〈트리플〉

　이미 십여 년은 넘은 듯하다. 국내외 대중음악 차트에서 정통 록 밴드rock band의 곡들은 사라진 듯하다. 록 매니아로서 가슴이 아프고 서운한 일이다. 하지만 국내 인디씬에서는 여전히 록이 살아있다. 수년 전부터 작은 붐이 일어났는데 실리카 겔, 새소년 등과 더불어 검정치마(조휴일 1인 밴드)가 그 선두를 차지한다. 검정치마는 유독 너드미NERD美 감성이 물씬 풍긴다.

　검정치마의 데뷔 앨범은 2008년 말에 나왔다. 나는 바로 다음 해에 이 음반을 접했는데 오아시스, 블러 같은 1990년대 중후반 브릿 팝brit pop을 그대로 재현한 느낌이었다. 무척 세련되었지만 오리지날이 아닌, 커버송을 듣는 듯했다. 그런데 그해 내 심상의 공기가 너무도 무거웠고 탁했던 탓에 이 천재적인 아티스트에 대한 평가가 박했다. 2009년 대한민국은 미국발 경제 위기의 여진이 민간 경제의 발목을 여전히 붙들고 있었으며 노무현 대통령 서거의 파장 역시 그해 폭염보다 뜨거웠다. 게다가 신종 플루까지 창궐하니 어디 신나는 락음악을 들을 맛이나 났었을까?

　그리고 2년 전인 2023년 늦여름에 검정치마의 노래 〈에브리씽everything〉과 〈혜야〉를 들었다. 2017년에 발표한 노래를 거의 5년이 지나서야 들은 것이다. 그런데 이게 뭔 일인가. 조휴일의 몽환이 깃든 나른한 음성과 뿌옇고 자욱한 안개를 서서히 내뿜는 듯한 신디사이저 사운드는 나를 2009년도 홍대 앞으로 데려다 놓았다.

  이 곡들은 음악적 아름다움을 넘어서서, 당시 홍대 앞을 중심으로 형성된 밀레니얼 세대의 감성 문화를 정교하게 호출한다. 2009년 전후, 20대 초·중반을 살아내던 세대는 사회적 혼란과 개인적 불안 속에서도 자신만의 감정을 정리하고 표현하는 공간을 적극적으로 탐색했다. 그 중심에 음악이 있었다. 이어폰으로 흘러나오던 티어라이너의 〈embrace all〉이나 짙은의 〈Feel Alright〉, 〈TV쇼〉는 외로운 청춘들에게 내밀한 위로를 건넸고, 마치 같은 해 방영한 MBC 드라마 〈트리플〉 속 감성적인 공간처럼, 현실의 소음 속에서도 개인적 낭만과 여백을 확보해 주는 도피처가 되어주었다.

  당시 홍대 앞은 단순한 지역적 상징이 아니라, 감성적 자아를 실험하고 발견하는 실재적 공간이었다. 카페 '비하인드'에 앉아 노래를 듣는 행위는 하나의 의식 같았고, 거리와 골목은 장르와 정서를 넘나드는 무대였다. 이곳에서 청춘은 예술과 일상을 하나로 엮으며, 광고회사처럼 철저히 현실적인 공간도 감성으로 물들일 수 있다는 가능성을 체험했다. 드라마 〈트리플〉은 그런 풍경을 시청각적으로 구현하며, 이선균·윤계상·이정재 같은 배우들의 무심한 듯 따뜻한 표정과, 홍대 앞 양옥집의 로망이 이 시대 정서와 깊이 연결되어 있다는 점을 보여 주었다.

카페 비하인드의 2008년도 전경 (김지수 촬영)

　조휴일이 2009년에 26살이었다면, 당시 그와 같은 나이대의 청춘들은 마치 〈82년생 김지영〉의 김지영처럼 사회의 압력과 내면의 감성 사이에서 끊임없이 조율하며 자신을 구축하고 있었다. 검정치마의 음악은 그런 시대적 감수성을 가장 예민하게 포착한 결과물이다. 그의 목소리는 나른하게 흘러가지만, 그 안에는 또렷한 현실의 감정이 담겨 있다. 안개처럼 퍼지는 밴드 사운드와 어우러져, 일상의 기억을 서서히 떠올리게 만들고, 듣는 이를 자연스럽게 과거의 어느 순간으로 데려간다. 특히 〈EVERYTHING〉은 그런 정서적 여정을 가장 절묘하게 관통하며, 단순한 사랑의 서사라기보다 그 시대의 내면적 풍경을 포착한 감성의 기록이다.

　이제 40대에 접어든 밀레니얼 세대에게 당시의 음악은 단순한 과거 회상이 아니라, 지금 이 순간에도 유효한 감정의 레퍼런스가 된다.

    당시 신인이었던 송중기(지풍호 역)가 드라마 속에서 연신 자전거를 타고 홍대 골목을 유영하던 장면, 음악과 풍경이 빚어내는, 구름 위를 걷는 듯한 청량한 순간은 사라지지 않고 여전히 마음 깊은 곳에서 울린다. 앞으로 들을 음악 역시, 그런 감정을 다시 연결해 줄 '미래의 추억'이 될 것이며, 검정치마의 곡들은 그 기억의 미디움으로 계속 살아 숨 쉴 것이다. 음악은 시대를 넘나드는 감성의 매개체이자, 공통된 정서의 연대기를 구성하는 소중한 언어다.

행복 순위 꼴찌인 선진국

유엔 산하 자문 기구인 지속 가능발전해법네트워크SDSN는 2022 세계 행복보고서World Happiness Report에서 국가별 행복지수 순위를 발표했다. 우리나라는 조사에 참여한 총 146개국 중에서 59위를 했다. 지난 2019~2021년의 삼 년 동안 7개의 항목을 조사한 평균값이 이렇다. 59위의 의미는 OECD 국가 중에서 최하위를 말한다.

그렇게 놀랄 일도 아니다. 미국의 경제학자 로버트 잉글하트 교수의 '세계 가치관 조사'에서 한국은 '생존을 위한 세속 가치가 매우 높은 나라'로 나왔으며, 퓨 리서치 센터Pew Research Center의 2021년 조사 '삶을 의미 있게 만드는 것'의 답변으로 '물질적 풍요'를 1위로 택한 유일한 선진국이기도 했으니 말이다.

그래서 몇 년 전 너무나 큰 추앙과 환대를 받았던 드라마

〈나의 해방일지〉를 다시 한번 소환해 보고자 한다. 이 드라마가 많은 사랑을 받았던 이유는 마치 소설을 읽을 때 느낄 수 있는 여백의 감흥과 각 캐릭터들의 입체적인 생동감 때문이라고 말한다. 그런데 내 개인적으로는 우리 사회 내면에 강하게 침윤된 각자도생의 삶을 너무나 적나라하게 그렸기 때문에 많은 이들이 공감하지 않았나 생각한다.

대류권을 바라보는 지상권의 삶

"걔가 경기도를 뭐랬는 줄 아냐? 경기도는 계란 흰자 같대. 서울을 감싸고 있는 계란 흰자. 내가 산포시 산다고 그렇게 이야기를 해도 산포시가 어디 붙었는지 몰라. 어차피 자기는 경기도에 안 살 건데 뭐 하러 관심 가지냐고 해. 하고 많은 동네 중에 왜 계란 흰자에서 태어나서."

등장인물인 창희가 한 말이다. 그런데 그가 만약 노른자에서 태어나 자랐으면 행복했을까? 노른자야말로 수직 위계가 강건하게 구축되어 있는 곳인데 말이다.

노른자 서울은 성층권, 대류권, 지상권 그리고 반지하계와 지하계로 나뉘어져 있다. 성층권은 지표면에 도달하는 태양 복사량을 조절하거나 대기 대순환 조절 기능으로 지구 기후에 영향을 줄 수 있는 막강한 힘을 가지고 있다. 한 마디로 그 아래 계층의 모든 것들을 통제하고 변화시킬 수 있는 권력을 쥐고 있다.

그 아래는 대류권이다. 더운물은 온도가 올라가면서 부피가 팽창한다. 즉 밀도가 작아짐을 의미하는데, 차가운 것은 아래로 내려오고, 따뜻한 것은 위로 올라가는 현상이 발생한다. 따라서 이 계층은 엄청난 경쟁 속에서 살아 나간다. 오늘의 승자가 바로 내일의 패자가 되는 곳. 모두들 성층권에 오르길 바라기 때문이다.

그다음은 지상계다. 이들의 꿈은 대류권에 가는 것이다. 성층권의 존재조차 모른다. 열심히 살면 대류권에 진출하여 부, 명예, 권력이란 성공과 출세를 얻을 수 있다고 믿고 산다.

마지막으로 반지하계와 지하계가 있다. 전자는 반지하에서 지상으로의 변화를 기대하고 모색하지만 한계가 있음을 늘 직시하며 산다. 반면 지하계는 세상은 딱 두 개 그러니까 지상계와 지하계로 나뉘어져 있으며 자신들의 처지는 지상계의 횡포와 욕심 때문이라고 믿는다.

드라마 〈나의 해방일지〉는 서울의 직장에서 물리적으로 거리가 먼 곳에 살고 있는 세 남매의 불편의 분투기를 다루는 것처럼 비친다. 다시 말해서 도시 문물의 각종 편의와 문화생활을 통해 일상의 행복감을 만끽하는, 서울라이트seou-lite의 멋진 삶에서 소외된 시골 삼남매의 이야기를 그린 것처럼 보인다. 아니다. 그건 일종의 메타포이자 트릭이다.

정말로 심신이 지친 삶은 불평과 비관조차 접근할 수 없는 심리적 고립이란 섬에 가두어진다. 극의 세 남매는 아직 그 지경이 아니다. 계속 투정하고 투쟁하기 때문이다. 특히 기정과 창의는 무척이나 세속적 해방을 고민하고 또 고민한다. 따라서 사실 숨은 주연은 말수 적은 '구씨'다. 그야말로 고립된 섬에서 살아간다. 매일 소주 두서넛 병을 안고서 말이다. 우수보다는 허무에 가까운 눈빛을 가진, 베일에 싸인 사내다.

그에게 변화가 생겼다. 미정이 구씨에게 다가간 것이다. 그에게 해방이 필요하다고 느껴서일까? 아님 직관적으로 동병상련의 존재임을 알아본 것인가? 이 두 남녀는 서로 '추앙' 해 주기로 한다. 추앙을 하면 채워진다는데…. 추앙이 존중의 미덕으로 쓰인다면 땅끝에 떨어지고 벼려졌던 자존감의 회복이고, 관심과 응원의 의미라면 희망과 생기를 찾는 일 아닐까?

좋아하는 것, 밥벌이가 되는 유희 그리고 사람들

'추앙'에 이어 '환대'를 내놓고 막을 내린 이 드라마는 등장인물 각자의 속박이 해체되면서 끝난다. 속박이 풀리면 자유다. 그리고 자유는 행복을 담보한다. 고로 추앙과 환대를 하면 행복을 얻는다는 미덕을 이 드라마는 던졌다. 정말 EBS 같고 사찰음식 같은 주제를 JTBC다운 단짠단맵의 레시피로 완성해 낸 것이다. 그렇다면 이제부터 우리 모두 추환(추앙과 환대)하면 해방 그리고 행복을 얻을 수 있을까?

  열등감은 시기를 낳고, 상대적 열패감은 좌절을 배태하고, 무력감은 냉소를 토악질해 낸다. 현대인이라면 누구나 한두 개쯤 가지고 있을법한 이런 감정과 정서들. 행복하지 않기 때문이다.

  왜 행복하지 않을까? 가난? 아니다. 대한민국에서 빈곤은 더 이상 공론의 주제가 아니다. 혹시 과도한 경쟁 때문이 아닐까? 그렇다면 무엇이 경쟁의 사회를 낳았을까? 사회적 비교다. 서로 비교하는 생태계에는 추락의 두려움과 상승의 욕망이 한 식구다. 오월동주 같은 거다.

  이 시점에 이스털린 역설 Easterlin Paradox 을 소개한다. 소득이 증가해도 행복이 정체되는 현상으로, 소득이 어느 정도 높아지면 행복도가 높아지지만 일정 시점을 지나면 행복도는 더 이상 증가하지 않는다는 이론이다. 50여 년 전 행복 경제학의 창시자 리처드 이스털린 교수가 한 말이다.

  그는 최근의 저서 《지적 행복론》에서 연 소득이 7만 5천 달러를 초과하면 행복은 더 이상 증가하지 않는다고 말한다. 소득이 그 정도에 이르면 내가 다른 사람보다 돈을 더 많이 받을 때만 행복감을 느낀다는 것이다. 왜냐하면 임계치 지점에서 사회적 비교가 활성화되기 때문이란다. 그때부터 핵심은 '얼마나 버느냐'가 아니라 '남보다 많이 버느냐'라는 거다.

다시 말해서, 7만 5천 달러(환율 1,448원 기준 1억 870만 안팎) 정도면 행복을 느끼는 것이 충분하니 만족하고 살라는 말이 절대로 아니다. 이 금액은 세속 사회에서 불편함 없이 살아가는 조금 넉넉한 비용을 말하는 것일 뿐이다. 포인트는 '사회적 비교'가 존재하는 한 아무리 벌어도 행복 항아리는 결코 채워지지 않는다는 말이다.

그런데 '사회적 비교 Social comparison'라는 평범한 말이 학문 분야의 이론으로도 존재한다. 레온 페스팅거라는 사회 심리학자가 만들었는데, 정확한 자기 평가를 위하여 타인과 비교하여 자신의 의견과 능력을 평가하는 방법이란다. 쉽게 말해서, 상대평가가 될 수 있다. 그래서 주로 직무수행과 관련된 HR에서 활용한다고 한다.

여기서 섬뜩함이 느껴진다. 인간의 내재적 가치를 끌어올리기 위한 어떤 혁신적 점검을 위한 자기 평가가 아닌, 정량화된 사회 시스템에 얼마나 충실하게 태엽 바퀴의 역할을 수행하는가를 계측하는 것처럼 보이기 때문이다. 그래서 오히려 이 이론이야말로 작금의 '각자도생 경쟁 사회'의 불을 지핀 것 아닌가?

나태주 시인은 행복을 '저녁때 돌아갈 집이 있다는 것, 힘들 때 마음속으로 생각할 사람이 있다는 것 그리고 외로울 때 혼자서 부를 노래가 있다는 것'이라 한다. 그런데 그건 행복보다는 위안이 되는 믿음 장치 같은 것이 아닐까?

행복 happiness은 주관적이라 생각한다. 어떤 이는 불안하지 않은 평온한 상태의 지속성을 행복이라 말하고, 다른 이는 배려와 관용이 높은 사회에서의 삶을 행복이라고 정의한다. 나도 주관적 정의를 내려볼까? 그런데 나의 행복은 욕심이 많아서 세 가지를 충족시켜야 완성된다. 일단 내가 좋아하는 것이 있어야 한다. 그리고 그것이 나의 밥벌이가 되고 유희가 되어야 한다. 마지막으로 그걸 기대하고 응원하고 즐기는 이들이 있어야 한다.

무엇보다 전제 조건이 필요하다. 객관적인 비교가 없는, 주관적인 만족이 풍성한 생태계 말이다. 그 세계의 자본은 '문화적 자본'이다. 그래서 누가 얼마나 부유한가는 별 매력이 없으며, 인맥과 학맥 그리고 혈맥에 따라 출세가 보장되고 성공이 담보되는 관행이 부재한 곳이다. 그냥 '나의 해방일지: 나만의 문명 다이어리' 한 권을 매일 한 장 한 장 채워 나가면 그만이다.

독서가 필요한 이유

중년의 책 읽기

 2년 전인가로 기억된다. 소설가 장강명의 '흥미로운 중년이 되기 위하여'라는 칼럼이 나오자 페이스북의 타임라인이 적잖이 시끄러워졌다. 이 글에 대한 찬반양론 때문이다. 나이가 들다 보니 어떤 이야기보다 '흥미로운 이야기'에 더 관심이 쏠리는데 그 핵심은 지성과 주관에 경험까지 갖춰진 '자기만의 콘텐츠'라는 것이다. 그리고 그것이 부재함으로써 삶이 얄팍해지는 중년들은 필히 책을 읽으라는 권유를 청했다.
 그저 다량의 암기식 지식 또는 얕고 가벼운 데다가 근거도 없는 찰나적 입담은 '지양'하고, 다양한 영역을 관통할 수 있는 뚜렷한 콘텐츠를 '함양'하자는 이야기로 들리는데 반론도 만만치 않았다.

예를 들어, P 독립 학자는 이 글이 속물성과 교접하고 있는 교양 물신주의에 대한 낭만적 찬사에 불과하다는 비판을 했으며, K 교수는 세상을 살면서 사람을 평가하는 기준이 어찌 독서의 유무에 있다는 것인지 되물으며 그저 젊은 소설가 꼰대가 자기 밥그릇 좀 챙겨보자고 갈겨쓴 칼럼이라 단정 지었다. 참고로 두 분 모두 책을 통한 깊은 사유와 통찰 그리고 그것들의 현실 반영을 늘 강조하는 학자들이다.

이 글의 시비是非를 떠나 중년의 책 읽기를 생각해 봤다. 나는 행위의 의도가 중요하다고 본다. 만약 일독을 통해 얻은 지식과 지혜를 (과거 젊은 시절 억누르지 못했던) 사유의 독선과 아집을 막는 보루로써 사용한다면 이를 대체할 만한 것이 있을까 싶다. 젊은 시절 밑천 없는 자기주장만 줄곧 해오던 사람이 중년이 된 현재까지도 그런 만행을 저지르고 있음을 목격했기 때문이다. 책을 읽는다고 사람이 바뀌지는 않겠지만 자제는 할 수 있다고 믿는다.

반면에 남에게 현학적 과시를 하기 위함이나 자신의 입신양명을 위한 곡학아세로 이용할 목적이라면 소위 SNS에서의 명품 과시와 뭐가 다를까 싶다. 예를 들어, "너는 ○해서 트로츠키 유물론자이고 그 옆의 너는 ○해서 포이어바흐 적이고 뒤의 너는 ○하니 리카르도 주의자가 맞거든!" 이런 말을 하던 프롤레타리아가 어느 날 운 좋게 졸부가 되어 "넌 프라다 입어서 이탈리언 패션주의자이고 그 옆의 넌 루이뷔

통 가방 들어서 파리빠숑적이고 그 뒤의 넌 랄프로렌 걸치고 있으니 근본 없는 미국 여피족이야"라고 할 거 같아서 말이다.

우리나라 성인 10명 중 6명은
일 년 동안 책을 한 권도 읽지 않는다

교보문고가 '최근 5년 동안 한 달도 빠짐없이 매월 100권 이상 판매된 스테디셀러'를 집계했다. 1위는 J.D 샐린저의 《호밀밭의 파수꾼》이고, 헤르만 헤세의 《데미안》이 2위를 차지했다. 이어 《사과가 쿵!》, 《생각의 탄생》, 《시크릿》, 《코스모스》, 《1984》, 《참을 수 없는 존재의 가벼움》, 《동물농장》, 《위대한 개츠비》가 뒤를 이었다. 대충 알만한 책들이다.

그렇다면 우리나라 성인들은 한 달에 책을 몇 권이나 읽을까? 문화체육관광부의 '2023 국민독서실태조사'에 따르면, 성인 중 1년에 책을 한 권이라도 읽은 사람의 비율이 43%로 나타났다. 그런데 지난 2013년 72.2%의 비율이 2019년에는 55.7% 그리고 2022년에 이르러 43%로 감소했다. 바꿔 말하자면, 현재 우리나라 성인 10명 중 6명은 일 년 동안 책을 한 권도 읽지 않는 셈이다.

'2023 한국출판연감'에 의하면, 그해 신간 발행 종수는 6만 1천181종이며, 발행 부수는 7천291만 992부로 전 년 대비

8.8% 감소했다. 독자 수의 감소만큼 발생 부수 역시 줄어든 것이다.

한 해 발행된 신간 중 연내 2쇄 이상을 찍는 책이 5~10% 미만이라고 한다. 또한 실용서와 교재를 제외한 인문, 사회, 과학 관련 교양서적의 독자층은 대략 4~5천 명에 불과하다는 말도 나온다. 이는 예측된 결과다. 독서 말고도 즐길 것이 많아진 세상이지 않은가. 게다가 활자가 빼곡하게 박힌 책자보다는 간소한 문자와 흥미로운 이미지에 달팽이관을 즐겁게 할 청각까지 동원된 신박한 영상이 보기에도 수월하고 말이다.

더군다나 인문학을 표방했다지만 내용을 까보면 나무위키처럼 사실적 내용의 나열에만 충실한 책들도 적지 않다. 결국 이런 류의 책은 깊은 사유보다는 정보 전달에 의의가 있는 셈이라 활자에 국한된 종이책보다는 멀티 비주얼 매체를 이용하는 편이 내용 습득에 있어서 유리하다.

그럼에도 불구하고 독서가들이 늘 주장하는 바가 있다. 비주얼 매체는 제공되는 이미지와 정보를 따라가기에 바쁘다 보니 스스로 생각하는 힘을 기르지 못한다는 점 말이다. 반면 글을 읽는다는 행위는 생각의 속도 조절은 물론 무엇보다도 문자를 통해 개념, 구성, 판단, 추리 등의 이성 작용 즉 사유의 발달을 도모할 수 있다는 점이다.

이렇게 질문을 해 보자. 인간이 지구상 동물 중 최고 포식

자의 위치를 차지한 이유가 두 손을 자유자재로 이용하고 직립보행을 할 수 있는 신체 구조를 가졌었기 때문일까 아니면 고대 오리엔트 메소포타미아 지역의 설형문자와 중국의 갑골문자 그리고 이집트의 상형문자와 같은, 기록과 소통의 도구를 만들 수 있었기 때문이었을까?

후자가 맞는다면 인류는 앞으로도 '기록을 남기고 소통을 하는 일'에 전념해야 할 것이다. 무엇보다도 '인간은 자신이 발명한 기계에 복속되거나 멸망한다'는 SF소설 혹은 영화 속에서나 벌어지는 일이 성큼 다가오는 듯, 급속한 A.I 기술의 발달이 이루어지고 있는 시대에는 말이다.

실제로 이러한 디스토피아를 경고한 책이 있다. 미래학자 게르트 레온하르트의 《신이 되려는 기술》이다. 유발 하라리의 《호모데우스》가 '신 같은 존재'로 진화하길 원하는 인간을 다룬 것이라면, 이 책은 인간 따위는 가볍게 뛰어 넘고 신의 지위에 도전하는 기계의 위협을 다룬다.

책에서는 이런 상황을 매우 구체적인 도식으로 설정했다. 먼저 기술 대 인간성 Technology vs. Humanity이란 대립항을 전제한다. 기계적 알고리즘은 STEM으로, 인간 고유의 휴머니티는 CORE로 정의했다. STEM은 과학 science, 기술 technology, 공학 engineering, 수학 mathematics의 머릿글자를 딴 것이고, CORE는 창의성 creativity 연민 compassion, 독창성 originality, 상호성 reciprocity, 책임성 responsibility, 공감 empathy의 머릿글자를 딴 것이다. 그리고는 아주 묵직한 화두를 던진다. "기하급수적으로 모든 것을 삼키는 기술 변화에 직면한 우리는 인간성의 우위를 어떻게 유지할 수 있을까?"이다.

저자는 인간 고유의 휴머니티를 제외한, 인간의 일반적인 능력은 곧 기계언어와 알고리즘으로 충분히 대체될 것이라 경고한다. 반면, 휴머니티 요소들은 당분간 쉽게 정복되지 않을 것으로 예상한다. 이성 영역이 아닌 자각을 통한 감정이입은 아직 기계에게 먼 나라 이야기이기 때문이다.

그렇다면 창의력과 상상력 그리고 공감 능력이란 인간의 가공할 만한 무기의 원천에 대해서 생각해 봐야 한다. 인간의 문자 발명과 사용이 그 바탕이라면 결국 독서를 통한 문해력 증진에 전념할 수밖에 없다.

독서는 나의 소울 메이트

수십 년 만에 재회한 친구들과 여행을 떠났을 때, 술자리에서 한 친구가 이런 이야기를 꺼냈다. "나는 예전에 필요조건과 충분조건의 의미를 그냥 통째로 외웠었는데 사회생활을 하다 보니 본뜻을 정확히 이해하게 되었어." 그러고는 나이 들어감에 따라 그리스 시대부터 시작하는 고전 철학과 근대 철학을 열심히 공부하게 되었다는 것이다. 한 마디로 친구에게 독서는 원하는 대학 합격을 위한 '정보의 암기'가

정신적 가치 고양을 위한 '지식의 이해'로 바꾼 것이다.

나 역시 그런 굴절과 변화가 있었다. 과거에 내게 있어서 독서는 원하는 정보 습득과 알량한 지적 호기심의 반영이었는데 사실 많이 아는 체하고 싶은 '현학적 욕망'이 주된 이유였다. 한 마디로 책을 멋으로 읽었던 셈이다. 관종들의 특징이다.

그리고 2005년쯤 한 권의 책을 만났다. 에드워드 윌슨의 《통섭》이었다. '컨실리언스'란 단어부터가 신조어였는데 우리말로는 '큰 줄기'라는 뜻의 통統과 '잡다'라는 뜻의 섭攝을 합쳐 통섭이라 번역되었다. 풀어 말하자면, 자연과학, 사회과학, 인문학 등으로 나뉘어져 있는 지식들을 하나로 합쳐야 한다는 것이 이 책의 주장이자 요지였다. 그런데 기존의 융합과는 좀 결이 달랐다. 잘 섞어서 병렬적 균형감을 맞춘 비빔밥이 아니라 각 요소들의 핵심을 관통하는 뿌리를 낚아채면서 그 근원을 새겨 본다는 의미였다.

그런데 결과적으로 윌슨이 주장한 통섭은 생물학적 개념의 우월성을 강조한 것이었다. 자연과학의 울타리 안에 사회과학과 인문학 영역을 확장하여 인문학적 진화생물학의 개념과 방법으로 모든 사회현상을 설명하려는 '사회생물학'을 말한 것이다.

그러다 보니 모순으로 드러난 것이 환원주의의 문제였다. 예를 들어, 윤리, 미학, 종교와 철학, 심리학 등 인간의 정신적 활동을 진화생물학을 기반으로 충분히 규명하고 설명할 수 있냐 하는 문제 말이다.

어쨌든 이 책으로 말미암아 깨달은 것이 많았다. 무엇보다도 현생 인류가 진화하면서 이룩해 낸 많은 기록과 기술 그리고 사유들을 어떤 개연성에 따라 각각의 점들을 연결하여 선으로 잇는다면 새로운 인과 관계를 맺은 맥락을 찾을 수 있다는 점 말이다. 그리고 인간과 그 무리는 어떤 유사 환경에 직면하면 시대를 넘어 비슷한 행동과 양상을 보인다는 역사의 교훈도 말이다.

예를 들어, 최근 한·미·일 그리고 북·중·러의 양자 구도는 미국의 팍스 어메리카나에 도전하는 중국의 일대일로에서 기인했다. 그런데 이 양상은 과거 제1차 세계대전이 발발하기 직전 영국의 3C정책(카이로-케이프타운-캘커타)에 동참한 삼국협상 국가(영국·프랑스·러시아)와 독일의 3B정책(베를린-비잔티움-바그다드)를 지원하는 삼국동맹 국가(독일·오스트리아·이탈리아) 간의 대치와 너무나 흡사하다는 거다.

게다가 미 트럼프 정부가 징벌적 관세를 부과하며 무역·재정 적자를 해소하고 산업을 보호하려 했던 경제정책은, 국가의 부를 키우기 위해 국내 산업을 육성하고 보호무역을 통해 무역수지 흑자를 달성해 자국 내 외환과 자본을 축적하려 했던 16~18세기 대항해 시대 국가들, 즉 포르투갈·네덜란드·영국·프랑스 등이 추진했던 '중상주의 경제정책'과 놀라울

만큼 닮아 있다.

그렇다면 이러한 과거의 사례를 잘 살펴봄으로써 우리가 어떤 입장을 취하고 대처한다면 혹시나 모를 미래의 비극을 그나마 최소화할 수 있는지에 대한 혜안을 얻을지도 모른다. 나 개인이 일개 시민일지라도 말이다.

이처럼 독서는 내게 더 이상 지적 놀음이 아니라 나의 물리적 실재를 보호하고 정신적 존재의 의미를 충만하게 해주는 소울 메이트이자 가이딩 라이트이다. 독서를 중요하게 여기는 이유다.

불행한 천재를 만든 것은
시대였다

원자폭탄 개발을 위해 비밀리에 진행되었던 맨해튼 프로젝트의 주역은 아인스타인이 아니라 오펜하이머였다. 이는 그가 누구인가를 가장 잘 설명하고 기억할 수 있는 한 문장이다. 이렇게 시작하는 '오펜하이머 탐구'의 다음 단계는 1954년 소련 스파이 의혹으로 명예가 거세되고 연구에서 제명된 후 외로운 나날을 보내다 1967년에 생을 마감한 그의 일생이다.

그런데 한때 미국의 영웅이었던 자가 국가의 반역자로 내몰린 후 사람들의 기억 속에서 사라진 것이 너무 안타까웠을까? 전기 작가 카이 버드와 마틴 셔윈 교수는 그의 전기 《아메리칸 프로메테우스》를 2005년에 출간했다. 국내에는 2010년에 번역판이 나왔으며 최근의 특별판은 2023년 6월 5일에 1판 1쇄를 찍었다. 또한 이 책을 토대로 만든 놀란 감독의 영화 〈오펜하이머〉는 2023년 8월 15일에 국내 개봉(미주 개봉은 이미 시작)을 했다.

그런데 바로 전 해인 2022년 12월 15일에 그의 누명이 벗겨졌다. 사후 68년이 지나서야 말이다. 제니퍼 그랜홀름 미국 에너지부 장관의 말이다. "오펜하이머의 보안 승인에 대해 1954년 원자력위원회의 결정은 위원회 자체 규정을 위반한 절차였다. 그에 대한 편견과 불공정의 증거가 밝혀졌고, 그의 충성심과 애국심은 확인했으며 스파이 혐의를 철회한다". 영화의 힘이 실로 큰 덕분일까. 그럼에도 불구하고 누명 벗은 이야기는 영화에 나오지 않았다. 최종 촬영과 편집이 12월 15일 이전이라 그랬을 것이다.

이 책(특별판)은 페이퍼북 스타일의 크기에 천 페이지의 분량을 가졌다. 그런데 속지는 거칠고 투박하지 않다. 마치 사전의 인디어 페이퍼 마냥 야들야들한 감촉을 지녔다. 넘기기 좋다는 말이다. 허나 사전(같은 이 책)을 첫 페이지부터 끝까지 완독하는 경우는 드물다. 더군다나 이 전기가 막스 플랑크의 양자 이론, 아인슈타인의 특수상대성이론, 보어의 수소원자거동 이론, 하이젠베르크의 행렬 역학, 슈뢰딩거의 파동역학 이론 등과 같은 이론 물리학을 설명하는데 많은 지면을 썼다면 구매조차 꺼렸을 것이다.

하지만 서문 26쪽을 보면 두 저자는 이렇게 썼다. '이 책은 그의 일생에 대한 이야기다'. 그래서 책을 훑어보니 그들 말대로 '당대의 과학 기술적 업적'보다 '시대사적 인물'의 발자취를 고스란히 옮겨놓은 듯 보인다. 이 책을 구매할 강한 동기가 생겼다.

오펜하이머는 유대인 출신이다. 미국의 유명 인물 중에는 유대인이 많고 따라서 유대인은 대체로 머리가 좋다는 인식이 강하다. 그리고 잘 알려진 유대인 대다수는 아슈케나짐(독일계 유대인)이다. 이들은 스페인계 세파르딤과는 달리 부자 나라 미국으로 이민 또는 망명을 많이 했으며 대개가 유복한 집안 출신에 고등 교육을 받은, 교양과 지성미를 갖춘 엘리트들이었다. 지식을 습득하여 출세할 여건과 배경이 좋았다는 말이다.

그럼에도 이들 앞에는 탄탄대로만 놓여있지 않았다. 20세기 전반까지는 유대인이라는 이유만으로 온갖 박해는 물론 생존의 위협을 받았으며 미국으로 건너온 이후로는 에드거 후버의 매카시즘 몽둥이찜질에 가슴을 졸이며 살기도 했다. 유대인 출신 미국의 진보 지식인들의 운명이 대개 이랬다.

미국에 정착한 유대인 출신의 진보 지식인들을 포함하여 1950년대 미국의 지식인과 예술인 중에는 유독 좌파 또는 그에 우호적인 이들이 많았다. 그 까닭은 무엇이었을까?

서방 전체에 드리운 1930년대의 심각한 경제위기 그리고 파쇼와 극우세력의 등장 때문이었다는 주장을 펴는 학자들도 더러 있다. 이때부터 특히 미국, 프랑스의 지식인들이 공산주의에 우호적인 감정을 가졌고 그것이 2차 대전 이후에도 지속되었다는 것이다. 흥미로운 사실은 이들 지식인들이 100만 명의 목숨을 앗아간 소위 스탈린 대숙청을 1950년대 들어서야 알게 되었다는 사실이다.

또한 미국으로 대거 망명한 지식인 집단, 즉 프랑크푸르트 학파의 영향도 일정 부분 있었을 것으로 보인다. 프랑크푸르트 학파는 독일에서 태동한 신마르크스주의 사회이론가들의 집단으로, 문화산업·대중문화·권위주의·계몽주의 등에 대한 비판적 분석을 수행했다. 그들은 나치 독재에 반대했기에 미국으로 건너왔으며, 이후에도 미국 자본주의 사회와 문화, 즉 인간의 자유와 이성을 억압하는 산업화와 소비주의를 꾸준히 비판했다. 한편 매카시즘은 1950년대 미국에서 공산주의에 대한 공포와 수사를 통해 정치적 반대 세력을 탄압한 운동이었다. 당시 상원의원 조지프 매카시는 미국 정부와 사회에 공산주의자들이 침투했다고 주장하며 수많은 지식인과 예술인을 탄압했다.

그렇다면 매카시즘과 프랑크 푸르트 학파와의 관계는 어땠을까? 당연히 대립적이고 적대적이었다. 매카시즘은 프랑크 푸르트 학파를 공산주의자들과 동일시하고, 프랑크 푸르트 학파는 매카시즘을 민주주의와 인권을 침해하는 것으로 규정했기 때문이었다.

흥미로운 사실은 오펜하이머가 프랑크푸르트 학파의 중심

《아메리칸 프로메테우스》

인물인 막스 호르크하이머와 친분이 있었다는 점이다. 이를 두고 일부 학자들은 오펜하이머가 프랑크푸르트 학파의 일원(비록 그가 과학자였음에도)이었다고 주장하기도 했다. 반면 오펜하이머가 호르크하이머와는 친구였지만, 이론에 대한 입장이 달라 - 오펜하이머는 마르크스주의에 대해 비판적이었다는 - 그 학파와는 무관했었다는 이야기도 나온다.

불행한 천재의 일대기

책 제목인 《아메리칸 프로메테우스》는 오펜하이머를 불을 인간에게 선사하고 벌을 받은 프로메테우스와 같은 운명을 맞이했던, 불행한 천재 또는 영웅으로 묘사한 듯하다.

이처럼 정치 이데올로기와 갖가지 이해관계가 복잡하게 얽히고설킨 1950년대의 사회적 모습 그리고 그 시대를 행보했던 지식인들의 모습을 이 책이 얼마나 잘 그려냈는지가 궁금하다. 달리 말해 오펜하이머가 핵무기를 개발하고 소련의 스파이로 내몰렸던 동기와 이유 모두 그의 개인적 사유였다고 하기보다는 당대의 사회가 배태한 비극이었을 가능성이 크기 때문이다. 즉, 뛰어난 과학자 오펜하이머 역시 1950년대 미소 간의 이데올로기 대립과 마주했던 여느 지식인에 지나지 않았을 것이다.

정말 그랬을까? 자, 이제 이 책을 가열차게 읽을 동기가 뚜렷해졌다.

워라밸보다 중요한 것

"개개인의 삶이 모두 다르고 이를 존중하지만 전문가가 되는 것은 다른 문제라 생각해요. 워라밸 work and life balance 을 지금 지키면 미래의 워라밸이 없다고 생각해요 저는"

손석희의 '질문들'에 출연한 안성재 셰프의 말이 SNS에서 뜨거운 감자가 되었다. 워라밸에 대한 그의 생각은 사실 이번 인터뷰가 처음이 아니었다. 2년 전 조선일보와의 인터뷰 기사 〈국내 최연소 3스타 셰프 "별 따려 요리하지 않는다"〉에서도 "밸런스를 찾으려면 언밸런스가 무엇인지도 알아야 한다고 생각한다. … 때론 올인할 줄도 알아야 한다. 그래야 나 자신과 남들이 인정하는 창작물도 만들 수 있다."라고 피력했다.

두 인터뷰를 보면 공통분모가 있다. 한 분야의 (최고) 전문가로 우뚝 서기 위함이다. 올해 기준으로 2,911만 9천 명에

달하는 경제활동인구 모두가 저녁 있는 삶과 개인적 여가를 줄이면서 업무에 열정을 갈아 넣고 몰두하란 소리가 아닌 거다.

네 명의 사람이 있다(이 중 몇 명은 실제로 나의 지인이다).

A는 고임금을 받던 직장을 그만두고 강원도 양양에 가서 카페를 차렸다. 잘해야 과거 월급의 반도 안 되는 돈을 번다. 하지만 원하는 서핑을 마음껏 할 수 있어서 행복하단다.

B는 명문대를 나와 사회에서 알아주는 직장에 다녔는데 다 때려 친 후 강연, 번역, 저작 등의 활동으로 정말 입에 풀칠할 돈만 벌고 산다. 그러나 늘 다독을 하고 사회를 생각하며 글 읽기에 진심인 사람들과 모임을 할 수 있어서 과거보다 즐겁단다.

C는 젊은 시절 정말 거지라 불러도 무색한 생활의 궁핍을 겪었지만 하나의 일에 집념을 가지고 혼신의 힘을 바친 결과 운도 따라 그 분야의 최고 전문가가 될 수 있었다. 돈도 명예도 따르니 그 기쁨은 이루 말할 나위 없단다.

D는 좋은 학벌을 가지지 못해 중견 회사의 경리 일부터 시작했다. 소심하고 당차지 않은 성격인 데다가 영업 분야도 아니라 큰 승진은 꿈도 못 꿨었는데 어느새 코스피 상장사의 대표이사가 되었다. 차분한 심성과 더불어 맡겨진 일이 있다면 어떻게라도 해결하고 마는 책임감과 성실함을 인정받아서다. 성취도 그 인정받음도 한없이 영광이란다.

A와 B는 워크보다 라이프를 추구하기에 주류 사회를 떨쳐 나와 자신이 좋아하는 일을 선택했다. 경제적 여유는 줄었고 사회적 명성이 멀어졌음에도 지금이 좋은 거다. C와 D는 라이프보다 워크에 집중하여 주류사회에서 성공했다. C는 원래 자신이 좋아했던 분야를 깊이 판 것이고 D는 그냥 맡은 일을 꾸준히 성의 있게 해 왔다.

이들은 '워크'에 더 비중을 둔 주류와 '라이프'에 무게추를 더 실은 비주류로 나눠지지만 '성취와 행복 실현'이란 궁극의 공통점을 갖는다. 워라밸은 개인의 놀고 쉴 권리를 보호하기 위해 사회가 제공하는 제도적 안전장치로써 의의가 크다. 하지만 일과 사생활을 동등하게 영위하면서도 부와 명예를 얻을 수 있는 지니의 요술램프가 아니다.

〈백스피릿〉이란 넷플릭스 오리지널 예능 시리즈를 떠올려 본다. 백종원 대표가 한국을 대표하는 다양한 분야의 사람들을 만나, 매회 다른 우리나라 술을 테마로 술에 대한 지식과 음식 그리고 인생을 이야기하는 6회짜리 시리즈물이었다.

그중 4회 '익어 간다는 것' 편에는 나영석 PD가 등장했다. 둘은 울산의 복순도가 막걸리 양조장을 방문했고 우리 술 전문 술집에도 들렀다. 시리즈의 취지대로 술 이야기만 한 것이 아니었다. 각자 대한민국 예능 방송과 대중 음식계에서 한 획을 긋고 있는 만큼 그들이 생각하는 '익어가는 것'에 대한 생각 역시 남다르리라 생각했다.

나 PD가 이런 질문을 던진다. 아버지가 하는 이 일들을 자식이 걷게 할 거냐고. 백 대표는 답한다. "난 무조건 좋아하는 일 택하라고 그래. 자기가 좋아하는 일이라면 그리고 성공 확률이 점점 많아지지." 이에 나 PD는 확률이 올라간다며 동의한다. 지호락知好樂 즉 많이 아는 자가 좋아하는 자를 이길 수 없고, 좋아하는 자 역시 즐기는 자를 능가할 수 없음을 몸소 체득하고 실천한 이들의 대화로 들린다. 자기 경쟁력이 무엇으로부터 비롯되었는지를 알기에 자식에게도 부모의 바람을 강요 안 하겠다는 말이다.

방송 말미에 백 대표는 다시 이야기를 꺼낸다. 자신이 예전에 했던 사업을 망해 봤기에 돈보다 더 큰 가치가 무엇인지 깨달았다고. 앞 서와 마찬가지로 현재 하는 일이 정말로 좋아하는 일이란 거다.

일련의 이슈로 인해 백 대표는 대중들에게 선의의 기업인에서 속이 음흉한 장사꾼으로 인식되는 듯하다. 글쎄 그가 방송에서 보여 주었던, 말하던 모든 것들이 모두 진정성 제로의 허구였다는 생각은 들지 않는다. 좋아하는 일을 하던 기세는 진실이 아니었을까?

2024년 한국정보고용원이 발표한 조사에 따르면, 만 15세 이상 응답자들은 '직업 선택 시 가장 중시하는 가치'로 '워라밸(4.23점)'을 첫손에 꼽았다. 이어 직업 안정(4.09), 경제적 보상(4.07), 자기계발(3.93), 성취(3.91), 사회적 안정(3.54), 사회적 공헌(3.42), 변화지향(3.33)의 순으로 나타났다. 특히 10대에서 40대까지는 '일과 삶의 균형'을 최우선으로 여겼고, 50~60대는 '직업 안정'을 중시하면서 세대 간 가치관의 차이를 드러냈다. 이는 젊은 세대가 자기 성장을 전제로 한 삶의 만족을 추구하며, 기성세대는 생계 기반의 안정성을 우선시한다는 점에서 함의가 깊다.

그러나 여기서 중요한 질문은 단순한 세대 분석을 넘어서야 한다. "좋아하는 일을 지속하며 행복할 수 있는가?" 이 물음은 일과 삶이 분리된 영역이라는 전제를 무너뜨린다. 누군가는 일 속에서 삶의 의미를 찾고, 누군가는 라이프의 여유 속에서 일의 동력을 얻는다. 결국 핵심은 워라밸이 주어진 제도적 균형이 아니라, '어떻게 살아야 내가 행복할 수 있는가'에 대한 개인의 자율적인 사고와 선택이다. 행복은 구조적이기보다 사유적이며, 따라서 정답은 각자의 삶 속에서 만들어져야 한다.

말년에 성공한 이들의
'삶의 비밀'

저서 《보보스》로 잘 알려진 저널리스트 데이비드 브룩스David Brooks의 최근 칼럼 'You Might Be a Late Bloomer'(문화 교양 매거진 아틀란틱 Ths atlantic에 게재)를 읽었다. 칼럼은 일찍이 실패를 맛봤지만 말년에 성공한 사람들이 간직한 '삶의 비밀'에 관한 이야기를 들려 준다.

화가가 꿈이었던 폴은 부친의 강권으로 법대에 들어갔지만 곧 자퇴했다. 그리고 파리로 내려가 예술가의 꿈을 실현코자 했지만 세상은 그렇게 녹록하지 않았다. 명문 미술 학교인 에콜 데 보자르에서 연거푸 거절을 당해서다. 살롱 드 파리에서도 5년 연속 전시를 거부당했다. 중년이 되어서도 상황은 나아지지 않았다. 이쯤 되면 예술가로서의 꿈을 접어야 하나 싶을 정도이다. 심지어 그의 절친이었던 유명 작가는 '유명한 작가로 성장한 한 청년과 실패한 화가로 성장한 후 자살하는 두 청년의 이야기'를 다룬 소설 《오브르》를 냈다. 소설 속 실패한 화가는 당연히 폴이었다. 이후 두 사람은 거의 연락을 하지 않았다.

그러다가 폴이 58세의 나이가 된 1897년부터 상황이 바뀌기 시작했다. 베를린의 한 박물관에서 그의 그림 중 하나를 구매했기 때문이다. 이후 60세가 되었을 때 그의 그림은 마네나 르누아르보다 훨씬 낮은 가격이긴 하나 점차 잘 팔리기 시작했고 곧 유명 인사가 되어 존경받는 위치에까지 오르게 된다. 그의 이름은 폴 세잔이며, 소설가 친구의 이름은 에밀 졸라였다. 우리가 잘 아는 위대한 화가 폴 세잔은 이른바 '늦게 꽃을 피운 사람들 Late Bloomers'이었던 것이다.

그가 수십 년 동안의 좌절과 무명 생활을 이겨낼 수 있었던 원동력은 무엇이었을까? 한 전기 작가는 그의 호기심 inquiétude에서 비롯된 추진력, 안절부절못함, 불안감 때문이라고 말했다. 스스로 더 나아지기 위해 스스로를 계속 밀어붙이며 관심 있는 일에 주의를 기울이는, 내재적 동기 Intrinsic motivation가 강한 사람인 덕분이다.

이런 사람들은 자율성에 대한 욕구가 강하다. 주로 자신의 호기심과 집착에 의해 움직이며, 이러한 동기의 힘은 외재적 보상에 의해 유발되는 동기를 압도한다. 따라서 열심히 일하면 좋은 성적, 더 나은 급여, 성과 보너스로 보상을 받는다는

IDEAS

You Might Be a Late Bloomer

The life secrets of those who flailed early but succeeded by old age

By David Brooks

아틀란틱 매거진에 기고된 데이비스 브룩스의 칼럼 (출처 : The Atlantic)

외재적 동기를 가진, '일찍 꽃을 핀 사람들 early Bloomers'에게 최적화된 제도권의 학제 시스템에서 이탈되기도 한다.

또 이들은 개념적인 천재들처럼 사전 계획을 많이 세우지는 않지만, 자신의 삶 전체를 실험으로 여긴다. 무언가를 시도하고 배우고, 또 다른 것을 시도하고 더 많은 것을 배운다. 이들은 완성된 결과물에 초점을 맞추지 않으며, 종종 아무렇게 버리기도 한다. 그들은 배우는 과정 자체 즉 오랜 기간 시행착오를 겪으며 이것도 시도하고 저것도 시도하는 느린 축적과 정교함의 과정으로 삶을 살아가기 때문에 작업의 질은 인생 후반에 절정에 이른다.

누군가에는 세상 물정을 모르는, 고집불통인 사람의 지난한 삶으로 여겨지기도 하겠지만 정작 당사자는 인생 후반의 절정을 종착역이 아닌 그저 잠시 쉬어 가는, 정거장으로 생각할지 모른다.

사실 따져보면 외재적 동기가 아닌 내재적 동기를 가지고서도 일찍 꽃을 피운 이들을 볼 수 있다. 운이라면 운이고 능력이라면 능력이다. 다시 말해서, 좋아하는 것을 꾸준히 추구하다 보면 언젠가 빛을 보게 될 것이라는 희망 혹은 명제는 외재적 보상을 해피엔드로 인식하는 것과 별반 차이가 없다.

그렇다면 언제 꽃을 피웠다는 것보다 자신의 삶 전체를 호기심과 관련한 실험장이자 놀이터로 생각하고 행동하는 초지일관의 자세가 더욱 중요한 것이 아닐까 싶다. 작금의 중년 세대에게 영피프티 같은 지극히 대중 소비적인 단어보다 'Late bloomer' 같이 희망을 품은 생산적인 말이 트렌드가 되길 바란다.

3장

미래라는 감각:
오늘과 내일의 경계에서

기술은 인간의 대뇌와 함께 진화해 온 또 다른 생명체처럼, 이제는 인간의 사고와 감각을 증폭시키는 존재가 되었다. 문해력과 기획력, 플랫폼 감식력은 AI 시대에 주도권을 쥐기 위한 생존 전략이자 자기 돌봄의 기술이며, 기술적 문명 속에서도 인간다움을 유지할 핵심이다. 후생 유전학이 보여주듯, 우리는 타고난 유전 이상의 것을 후천적으로 계승할 수 있는 존재이며, 성장 가능성은 개인과 사회 모두에 여전히 유효하다. 디지털 플랫폼의 변화와 케이팝의 공간적 흐름까지, 미래를 감지하는 능력은 단순히 기술을 이해하는 것이 아니라 문화와 인간 사이의 인과관계를 읽는 감각에 있다. 이 감각은 지금과 내일을 잇는 가장 강력한 생존력이다.

마음을 돌보는
오래된 기술

 이제 정보는 넘쳐나지만, 그 속에서 우리의 주의 attention 는 희소해졌다. 플랫폼과 기계는 이 희소한 자원을 빼앗아 간다. 우리는 더 많은 것을 보고, 듣고, 스크롤 하며 살지만, 과연 그만큼 깊이 생각하고, 자기 삶을 주도하고 있을까?

 《읽지 못하는 사람의 미래》라는, 책을 멀리하는 이들에게는 살짝 섬뜩한 제목의 책이 있다. 저자 전병근은 유발 하라리의 《21세기를 위한 21가지 제언》, 매리언 울프의 《다시, 책으로》 그리고 게르트 레온하르트의 《신이 되려는 기술》 등을 번역해 온 디지털 시대 휴머니티에 많은 관심을 가진 베테랑 작가이자 북클럽 오리진을 운영하는 지식 큐레이터이기도 하다.

 근심, 걱정, 불안, 염려라는 뜻을 가진 로마 신화의 여신이 있다. 쿠라 Cura 를 말한다. 철학자 하이데거의 저서 《존재와 시간》에서도 인간 존재의 근원적 특징을 '심려sorge'로 삼았으니 시간을 초월하여 '인간은 불안한 존재'라 상정할 수 있다. 그래서 인간은 본능적으로 주변 환경과 타자, 그리고 자신에게 주의attention와 관심을 기울인다. 자신의 생존과 안위 그리고 번영이 거기에 달렸기 때문이다.

주의는 자기 보호를 위한 경계의 시선에만 머물지 않았다. 대상 자체에 대한 지적 호기심으로 발전하기도 하고, 주변 사물이나 사람에 대한 관심 혹은 배려로 나아가거나, 보다 적극적인 돌봄care이라는 행동으로 연결되기도 한다. 돌봄은 주는 자와 받는 자의 관계가 아니다. 더욱이 자신만의 안전을 우선하는 경쟁과 고립이 아닌, 호혜적 관계에서의 '마음의 씀씀이take care'이자 상호 배려이다. 상대가 있어야 내가 생존할 수 있다는 본능의 부름인 셈이다. 그런데 생존과 안전의 보루인 주의가 침탈되기 시작했다. 침범하여 빼앗은 무리는 다름 아닌 인공지능AI를 이용한 거대 테크 기업이었다.

의사결정 모델 이론으로 노벨경제학상을 수상한 허버트 사이먼은 "과거에 정보가 희소한 자원이었다면, 오늘날에는 정보가 넘쳐 역으로 인간의 주의가 희소 자원"이라 말한다. 사람들의 호기심 가득 찬 주의attention가 황금알을 낳는 거위란 점을 알게 되자 이를 응집할 수 있는 테크 플랫폼이 만연한 주의 경제attention economy의 시대가 온 것이다. 그래서 인공지능에 기반한 각종 플랫폼은 다양한 상품과 서비스를 통해 우리 삶에 깊숙이 개입하고 있으며, 소비자는 감각적인 욕구에 민첩하게 반응하는 수동적인 인간으로 길들여지고 있다. 바꿔 말하자면, 인간 고유의 스스로 경영하는 능력과 삶의 자율성을 상실한다는 것이다. 진정으로 AI에 대한 통제력 확보가 절실한 시점이 온 것이다.

저자 전병근은 이에 대한 방책으로 '자기 돌봄'을 내세운다. 그리고 이 돌봄이 자기 자신에게만 국한될 수 없다고 강조한다. 인간은 본질적으로 취약하고 서로 의존하며 살아가기 때문에, 진정한 자기 돌봄은 타인과 세계에 대한 돌봄을 전제로 한다는 것이다. 실제로 인류가 생존하고 번영할 수 있었던 것도 서로를 돌보는 방식을 삶의 전략으로 삼았기 때문이라는 점은 여러 학문에서 공통으로 지적한다. 이어 그는 자기 돌봄의 특별한 기술 중의 하나인 '글 읽기와 쓰기' 즉 중층적 사고능력의 발판이 되는 깊이 읽기 즉 문해력 증진을 강력히 권고한다.

"말에서 글로 넘어오면서 인류는 문명의 비약적 발전을 이룰 수 있었고 그 덕분에 자연 진화의 단계를 넘어 문화적 진화의 도로를 질주할 수 있었다"는 인지과학자 대니얼 데닛의 주장은 물론이거니와 고전 중 하나인 아리스토텔레스의 강의록《니코마코스 윤리학》의 마지막 장에 나온 글귀인 "인간에게는 지성에 걸맞은 삶이 최선이자 가장 즐거운 삶이다. 지성이야말로 다른 어떤 것보다도 인간적이기 때문이다."가 이를 뒷받침한다. 결국 질주하는 AI 시대에 기계에 대한 통제력도 삶의 주도권도 잃지 않는 길은 지성의 추구라는 것을 먼 옛날 고전이 알려준 셈이다.

  디지털 혹은 AI 기계 문명에 대처하기 위해 인간 고유의 자율적 사고 능력을 오히려 배가해야 한다고 주장한 학자도 더러 있다. 경지 신경학자 메리언 울프는 자신의 관점에서 생각하고 의미를 재구성하는, 매우 능동적이고 미래지향적 인지 활동을 하는 자가 디지털 시대에 살아남을 수 있음을 적시했다. 미래학자 게르트 레온하르트 역시 기하급수적으로 모든 것을 삼키는 기술 변화에 직면한 우리가 어떻게 인간성의 우위를 유지할 수 있을지를 고민했고, 그 답으로 AI의 기계 언어와 알고리즘으로 쉽게 대체되지 않을 인간 고유의 휴머니티인 CORE의 사수와 발달을 주장했다.

  전병근 작가의 저서 역시 이러한 주장과 맥을 같이하며, 인간 본연의 생존 법칙인 서로 돌봄을 필연으로 제시한다. 핵가족조차 분열되어 그 편린들이 저마다의 개인주의에 깊이 침착沈着한 작금의 현실에 '인간은 서로 돌봐왔기에 살고 진화할 수 있었다'는 본연적 생존 법칙을 꺼내어 내민 것이다. 여기서 저자는 스마트폰을 '디지털 시대의 트로이 목마'라고 주장한다. 자 이제 그 목마에서 내려와 자기 돌봄을 취함으로써 인간 본연의 능력을 다시 되찾아야 하지 않겠는가.

AI를 모르는 사람은
미래를 걱정해야 할까?

현재까지 인터넷 웹web은 야후, 구글, 네이버 같은 단순한 정보 공유의 공간 Web 1.0, 유튜브, 페이스북, 인스타그램 등 사용자 중심의 플랫폼 Web 2.0 그리고 메타버스, NFT, 머신러닝, AI로 대표되는 Web 3.0으로 진화되어 왔다.

나 같은 86세대의 경우 아날로그식 미디어로 점철되었던 유년 시절을 보내다가 20대 초반에야 PC를 접해(환경에 따라) 아래아 한글과 MS오피스를 사용하고, 20대 중후반에 인터넷의 도래를 목도한 후 30대에 웹 기반의 각종 포털 사이트와 커뮤니티를 이용하다가 40대에 들어서 스마트폰을 통해 SNS를 접했는데 어느새 50대 중반에 이르다 보니 이제는 AI 기반의 챗GPT와 미드저니를 만나게 되었다. 돌이켜보면 가슴 뭉클한 일이다.

마치 늘 보던 논밭 주변에 작은 집들과 상가가 조성되었는데 어느새 모두 갈아엎어 치워지고 그 자리에 큰 도로와 빌딩 숲이 생겨난 신도시의 탄생과 변화를 목격한 지역 원주민의 심경이랄까.

반면 1980~1994년에 태어나 정보기술IT발달 시기에 성장기를 보내며 인터넷, 스마트폰을 접해서 '디지털 유목민'으로 불리는 밀레니얼 세대와 1995~2009년에 탄생하여 스마트폰을 아예 몸의 일부처럼 여기는 Z세대들은 족히 일주일 걸려 학보를 주고받던 느림의 순정과 약속 장소가 엇갈려 서로 다른 장소에서 애걸복걸하던 간절한 기다림을 모를 거다.

이 세대뿐일까. 1954년 이전에 태어난 '광복 및 6·25 세대'인 70대 이상의 어르신들과 이후 1964년까지의 '베이비붐 세대'라는 60대 장년층까지 아우르면 각기 다른 '유년 시절과 청년기의 추억'을 가진 7세대(X세대, @세대까지 포함)가 공존하는 시대에 우리는 함께 사는 거다.

하지만 한 공간에서 살고 똑같은 스마트폰으로 유튜브를 본다고 해서 같다고 생각하면 오산이다. 돌이켜 추억하는 것이 회상回想이란다. 다들 서로가 경험하지 못한 아련한 기억을 가슴에 품었다. 그중 한 명으로 AI에 대해 생각해 보았다.

이미지 생성 AI 미드저니

최근 대화형 인공지능 챗GPT와 더불어 엄청난 화제를 불러일으키고 있는 이미지 생성 AI 봇 미드저니midjourney. 사람의 손과 도구가 아닌, 오직 프롬프트(언어 명령어)만으로 매우 정교하고 근사한 이미지를 완성시킨다. 2022년 미국 콜로라도 주립박람회 미술대회에서 1등을 차지하여 파란을 일으키면서 유명세를 얻었다.

실제 가구를 만들기 위해서 3D 이미지와 도면이 필요하듯 미드저니를 이용하여 먼저 가구 이미지를 생성해야 했다. 가구는 아니었지만 미드저니를 사용하여 인물, 배경, 건축물, 사물 등 다양한 이미지를 생성한 경험은 있었기에 프롬프트 작성이 그렇게 어렵지 않았다.

프롬프트란 무엇일까? 이는 일종의 명령어인데 컴퓨터 언어가 아닌, 챗GPT처럼 우리가 사용하는 언어로 표기한다. 예를 들어, 친환경 조형과 색상이 강조되는, 오가닉 모던 스타일 거실을 생성하고자 한다면 좀 구체적으로 제시어들을 표기해야 한다. 예를 들어, '오가닉 디자인 느낌의 커튼이 드리운 유리창', '도시의 경관을 볼 수 있는 창가', '화이트 색상의 내부 벽', '둥그런 큐빅 형태의 안락한 소파' 그리고 '오가닉 모던 스타일의 콘솔'처럼 말이다.

팁을 하나 주자면, 실제 사진과 같은 느낌 또는 화면 전체에 입체감과 풍성한 색감을 넣기 위해서는 '8K', 'photo realistic'과 같은 빛의 조도와 화질 관련 키워드를 반드시 입력해야 한다. 예시를 위해 아래와 같은 프롬프트를 작성하여 입력했다. 여기서의 '--ar 16:9'는 16:9의 화면(이미지) 비율을 말한다. 아래는 그렇게 제작한 프롬프트의 일부이다.

"Create a living room with a concept of organic modern design style. Thus interiors should have a window with the curtain on organic design feeling, and white wall with a windows that can see the scenes of city. Furnitures should have rounded cubic cozy sofa, organic modern style console etc., cinematic lighting, high contrast, 8k, photo realistic, --ar 16:9."

몇 분 후 이미지 4장이 나왔다. 이 중 마음에 드는 것을 고르거나 전체를 다시 생성할 수도 있으며 고른 사진 역시 여러 스타일로 재생성이 가능하다.

사용이 이처럼 단순하고 쉬운 듯하나 막상 사용하게 되면 원하는 이미지를 얻는 것이 녹록하지 않다. 챗GPT의 단점인 능수능란한 거짓말처럼 이 녀석 역시 결점이 있기 때문이다. 세밀한 표현 그러니까 사람의 손가락 개수 같은 것부터 사물과 배경을 자연스럽게 비치하는 조화성 그리고 프롬프트 단어 해석의 한계 등을 분명히 가진다.

달리 말하자면 창의적 아이디어를 얻는 데는 무척 유용하나 그것을 최종 결과물로 보면 안 된다는 점이다. 추상적이

AI미드저니로 생성한 이미지

고 관념적인 이미지 생성은 그 자체로 작품이 될 수 있을 정도로 훌륭하지만 건축, 산업디자인처럼 정량적 수치가 요구되면서 사물과 공간의 물리적 요인이 정확해야 하는 작업물에는 그저 하나의 참고 수준 정도에 지나지 않기 때문이다.

실제 가구로 제작하기

사실 머릿속에 그렸던 그림은 이 모습이 아니었다. 하지만 무척 흡족했다. 내 상상력으로는 쉽게 나오기 힘든 디자인이라서 그렇다.

생긴 모양이 나무의 몸통과 뿌리 같아서 '미러 트리mirror tree'라는 이름을 지어주었다. 이제는 이것을 토대로 실제 가구를 만드는 것이다. 물론 단순한 조형물이 아닌, 가구로서의 쓸모를 위해 회사의 디자이너들이 도면 설계 3D 프로그램을 이용하여 서랍과 수납의 기능을 부여했다. 앞서 말했듯 아직 이미지 생성 봇의 결과물은 챗 GPT와 마찬가지로 사람의 관점이 깃든 마지막 터치가 필요하다.

예상한 대로 실제 제품을 만드는 과정은 9부 능선을 넘듯 더디고 지난했다. 무엇보다도 곡면 처리가 많아서다. 비싼 원목을 아낌없이 써 가면서 곡면을 만드는 일은 쉽다. 그런데 나중에 상용화를 생각하여 원목과 MDF 그리고 무늬목을 혼용해서 만들 때 과도한 곡면은 제작 과정에서 커다란 장애 요소가 된다.

결국 프로토타입(샘플)만 3~4번 갈아엎었으며 제작진의 불만 어린 호소가 끊이지 않았다. 국내가 아닌 인도네시아에서 말이다. 우리 회사의 판매 제품 대다수가 그곳 공장에서 만들어진다. 그러다 보니 디테일을 요구하는 제품의 경우 제작 과정 중 검수나 의견 조율에 있어서 가끔 어려움이 발생한다. 이번 경우도 예외가 아니었다. 마침내 샘플이 완성되었고 사진과 동영상 QC 후 컨테이너에 실려 한 달 뒤 보게 되었다.

참고로 '미러 트리'는 애초부터 판매용 제품으로 기획하지

(좌) AI미드저니로 생성한 이미지 (우) 실제 구현한 가구 이미지

않았다. 일단 AI로 생성한 이미지를 활용해 실용성을 갖춘 가구가 만들어질 수 있는지를 검증하기 위함이었고 '오가닉 모던'이란 새로운 리빙스타일의 신제품 홍보를 위한 일종의 콘셉트 가구의 지위를 부여받았기 때문이다. 그래도 무척 자랑스럽게도, 이 콘셉트 가구는 '국내 최초'로 이미지 생성 AI 봇을 이용하여 만든 가구란 영예를 가지게 되었다.

인공지능이 과연 디자이너를 대체할 것인가

AI로 가구 이미지를 생성하고 실제 가구를 만드는 동안 이런 생각을 해 봤다. 이미지 생성 AI 봇의 퍼포먼스 확장은 시간문제이니 앞으로 디자이너의 입지가 좁아지는 것은 당연한 일인지에 대해서 말이다.

반은 틀림없는 사실일 테다. 지금 당장만 보더라도 정확한 수치와 비례 값 따위가 필요 없는 이미지는 얼마든지 만들어낼 수 있지 않은가. 심지어 몇 년 안에는 3D 프린트와 연동되어 프롬프트만으로 샘플을 척척 내놓는 시스템 역시 구축되리라 예견된다. 아직 3D 프린트는 CAD로 작성된 도면 값이 있어야 출력이 가능한 형편이다.

그럼 디자이너란 직업은 사라질까? 아닐 것이다. 정해진 틀에 맞춰 익숙한 제품만 양산하는 디자이너들은 퇴출되겠지만 독자적 기획력과 아이디어를 가진 이들은 살아남을 것이다. 왜냐하면 그들이야말로 AI 봇에 프롬프트를 입력할 최적의 전문가 집단이기 때문이다.

다시 말해서 모든 AI는 인간이 바라는, 세세한 욕망이 무엇인지 알 리가 없다. 인간이 알려줘야 그때야 자신들의 능력을 발휘하는 존재다. 적어도 그들이 사람처럼 자의식을 가지기 전까지는 말이다.

기억의 외재화와 집단지성의 힘

인간의 뇌는 860억 개의 뉴런을 가지고 있다. 89억 개를 가진 침팬지보다 10배 정도 많은 것이다. 따라서 인간이 지구상에서 가장 뛰어난 지배종이 된 이유가 그 잘난 '뇌' 덕분이란 사실을 우리는 상숫값으로 받아들이고 있다.

흥미로운 실험 하나가 있다. 생후 30개월 된 인간과 침팬지의 인지 능력 비교 검사를 한 것이다. 놀랍게도 공간, 수량, 인과 능력 면에서 양쪽 모두 비슷한 성적을 냈다. 심지어 도구 사용에서는 침팬지가 훨씬 앞섰다. 예상 밖의 결과였다. 다만 여기서 인간 아이가 이긴 단 하나의 항목이 있었다. 바로 '사회적 학습 능력'이다.

이를 두고 《호모 사피엔스, 그 성공의 비밀》의 저자인 하버드 대학의 인간 진화생물학 교수인 조지프 헨릭은 인간이 새로운 환경에 즉흥적으로 적응하기 위한 어떤 본능적인 능력을 갖추고 있거나, 단순 지능이 높기 때문이 아니라 우리가 '문화적인 종'이었기 때문에 살아남을 수 있었다고 이야기한다. 다른 동물에 비해 높은 사회적 학습 능력을 갖추고 남을 본받으며 노하우를 축적함으로써 개인의 독창성과 경험만으로는 결코 알아낼 수 없는 수준의 문화를 만들어냈다는 거다. 즉 인간은 문화와 공진화를 해 온 셈이다.

그렇다면 노하우의 축적은 구체적으로 어떻게 이뤄졌을까. 말로 전달하고 기억에 의존하는 것에는 분명 한계가 있었을 것이다. 그래서 만든 것이 문자다. 우리가 선사와 역사 시대를 구분하는 기준으로 기록의 유무를 따지는데 즉 문자로 시작하는 역사 시대는 곧 문화, 문명의 시대다.

문자는 도구다. 인간의 기억을 외부에 두는, 외부화의 시스템인 것이다. 기술 철학자 베르나르 스티글레르는 인류의 이러한 능력을 '후천성 계통 발생$_{epiphylogenesis}$'이란 용어로 설명한다. 인류와 기술은 하나로 합친 단위의 형태로 계통발생적 진화가 진행되고 있다는 말이다. 궁극적으로 대뇌피질과 도구의 발전이 함께 이뤄졌다는 점이다. 잘 알려졌듯이 문자는 인쇄술의 발달에 힘입어 더욱더 사회적 소통의 도구로 각광을 받았으며 이제는 월드와이드웹에 올라타 날개를 달더니 SNS와 만나 승천했다.

  2024년 8월 한 달 동안 카카오톡 총사용 시간이 327억 3천만 분이란다. 총사용 시간이 1,174억 분인 유튜브에 밀려 2위를 차지했지만 놀라운 결과다. 사람들은 소통 없이는 못 살며 커뮤니케이션의 매개가 문자란 것을 여실히 증명한 셈이다. 설 연휴에 혼자서 집에 틀어박혀 넷플릭스와 유튜브에만 빠지지 말고 사람들을 많이 만나자는 이야기이다.

플랫폼 권력 흥망사

소셜커머스의 달콤한 유혹

국내에 소셜커머스란 용어가 알려지기 시작한 것은 2010년대 초반 등장한 쿠팡, 티켓 몬스터, 위메프 때문이었다. 그런데 당시 이들의 출현에 대해 이구동성으로 나온 소리가 있다. "공구(공동 구매)와 뭐 똑같네"라는 것이다. 제시된 목표 수량에 구매 숫자가 도달하면 초기 설정한 할인가에 제품을 살 수 있는 방식이 공동 구매다. 국내 소셜커머스 3인방의 거래 방식도 사실 이와 같았다.

하지만 다른 점이 있었다. 전자상거래를 통한 매매 과정에서 SNS를 활용했다는 점이다. 예를 들어, 구매자 입장에선 목표 수량에 도달하기 위해 자신의 친구나 주변 사람에게 상품을 소개하고 구매를 권유한다. 사회적 연결망(소셜네트워크)을 활용해 입소문으로 구매를 유도하는 것이다. 결과는 대성공이었다. 당연했다. 일반 생활용품은 물론 나름 이름있는 가게들의 음식을 반값에 먹을 수가 있는, 믿기지 않은 소비를 경험할 수 있었으니 말이다.

그런데 그렇게 팔면 업체는 거의 남는 것이 없었을 텐데 왜 참여를 했었을까. 업체는 규모의 경제를 믿었던 것이다. 가격이 싸서 구매자 수가 평상시보다 4~5배 이상을 넘어버리면 반값이라도 이윤이 남으니 말이다.

그런데 이는 메피스토의 제안과 같았다. 왜냐하면 반값 이벤트는 앞으로 벌고 뒤로 손해를 보는 위험한 구도가 필연적이었기 때문이었다. 쉽게 말해서 이런 식이다. 하루에 손님 10명이 오던 가게에 50명이 몰리면 매출은 올라가나 손발이 부족해진다. 그뿐만이 아니라 물건도 5배가 필요하다. 즉 업무 인력을 충원하고 원자재 혹은 판매할 제품의 재고를 한층 늘려야 한다는 점이다. 문제는 이렇게 비대해진 규모가 유지가 되기 위해서는 동일한 매출이 지속적으로 유지되어야 하는데 시장의 수요와 공급은 항상 일정하지 않다는 점이다. 다시 말해서, 판매가 저조해질 경우 높아진 인건비와 운영비 그리고 방대한 재고 부담을 감당할 수 없다는 결론에 치닫고 만다.

결국 이런 업체 중 많은 수가 폐업했으며 이들의 반값 정책 때문에 정상가 판매를 하던 경쟁 업체 역시 함께 망하는 기현상들이 생겨났다. 소상공인 입장에서는 이러한 결과가 거대 플랫폼의 달콤한 유혹 뒤에 가려진 횡포에 의한 것이라 생각할 수도 있겠다. 하지만 상업 자본 시장은 냉정했다. SNS의 도래에 맞춰 등장한 새로운 플랫폼이 시장을 그저 소비자 트렌드에 맞게 재편한 것일 뿐이라 간주해서다. 우리 회사 매스티지데코는 다행히 이 참사에 말리지 않았다. 과거 TV 홈쇼핑 판매를 통해서 '앞으로 벌고 뒤로 손해를 보는' 경험을 미리 했었기에 이들 소셜 커머스 업체의 유혹에 전혀 흔들리지 않았던 것이다.

새로운 강자의 등장

그리고 10여 년이 지났다. 앞서 3인방 중 하나였던 쿠팡은 이제 이커머스 국내 1위 업체가 되었다. 그러나 아직 안심할 수 없는 까닭은 그 뒤를 바짝 추격하고 있는 알리익스프레스의 약진 때문일 것이다. 1년 새 증가한 쿠팡 앱 이용자 수는 고작 57만 명인 데 반하여, 알리익스프레스는 463만 명 그리고 테무는 581만 명이기 때문이다. 오래전 국내 소셜 3인방이 반값 이벤트로 주목을 받았다면 알리는 최근 1,000억 페스타로 이목을 끌고 있다. 그래서 식품부터 생활용품들이 그동안 접하지 못했던, 상상을 초월하는 가격으로 판매되고 있다.

쿠팡이 소셜커머스 중원에서 우뚝 선 이유 중 하나는 빠른 배송이었다. 이른바 로켓배송은 여전히 강점이다. 하지만 알리익스프레스가 3년간 1조 5천억 원을 투자해 국내에 통합물류센터를 구축 중인 데다가 국내 업체도 입점이 가능한 K-VENUE를 활성화하기 시작했으므로 쿠팡의 로켓은 언젠가 추락할 여지가 있다.

여태까지 e커머스 플랫폼은 아마존, 옥션처럼 서구에서 출발한 것들이 중심이었다. 중국은 그저 세계의 공장 그리고 어쩌다 대륙의 실수 정도가 나오긴 하나 품질 저하와 짝퉁 범람 등 신뢰할 수 없는, '딱 거기까지'라는 꼬리표가 따라다녔는데 이번에는 좀 다른 듯하다. 알리익스프레스, 테무, 쉬인을 아울러 통칭하는 이른바 알테쉬와 기존 이커머스 플랫폼과의 세대교체가 조만간 이루어질지도 모른다.

그렇다면 중국발 이커머스 유통 기업은 어떻게 싼 가격의 상품을 팔 수 있는 것일까? 그 비결은 우선적으로 유통 구조의 변화에 있다. 국내의 경우, 현행 유통 구조는 한국 유통업자를 통해 공급된 중국 생산자의 상품이 11번가, 네이버쇼핑, G마켓 등을 통해 국내 소비자에게 판매되는 체제였는데 알리와 테무는 여기서 유통업자를 빼 버리고 공급자와 소비자를 바로 연결한다.

150달러까지는 관세, 부가가치세가 면세된다는 해외 직구 면세 규정까지 한몫했다. 현재 중국 알테쉬 세 개 사이트에서 매일 150달러씩 450달러를 직구 주문하면 월 1만 3,500달러까지 구매할 수 있다. 연간 16만 2천 달러까지 해외직구가 가능한 셈이다. 물론 면세 혜택도 받는다. 세 명이 동업자라면 연간 중국산 저가 상품 면세 직구는 48만 6천 달러까지 가능하다. 만약 1명의 사업자가 48만 6천 달러 규모의 의류를 중국에서 한꺼번에 수입한다면 관세만 6만 3,180달러에 달한다. 부가세도 5만 4,918달러나 된다. 관세와 부가세를 합치면 11만 8,098달러로 수입품 전체 가격의 25%를 차지할 수밖에 없다.

　코로나로 인해 판매하지 못한 채 창고에 가득하게 쌓였던 악성 재고와 덤핑 물건도 알테쉬의 최저 가격 만들기에 일익을 담당했다. 물론 규모의 경제를 이루기 전까지 밑 빠진 독에 물 붓는 격으로 적자를 감수하는 회사의 버티기 전략이 제일 크겠지만 말이다. 이러니 상식적으로 말도 안 되는 가격이 나오는 것이 당연하다.

화무십일홍

　재작년 중순쯤 1300K가 폐업을 선언했다. 잇따라 고가의 프리미엄 쇼핑 플랫폼 알렛츠ALLETS도 비슷한 시기에 서비스 종료를 공지했다. 큐텐, 티메프 사건 이후 일들이라 예사롭지 않다.

1300K는 트렌디한 디자인 아이템에 관심 없는 분이라면 "그게 뭔데?"라며 고개를 갸우뚱할 테다. BOOK으로도 읽히는, 재미있는 이름의 이 쇼핑몰은 2002년 초반 탄생한 디자인 전문 온라인몰이다. 예쁘고 아기자기한 디자인 문구용품을 보면 십중팔구 "그거 일제야?" 하던 시절에 결코 그에 뒤지지 않은 세련된 국내산 아이템들을 선보이며 세간의 화제로 떠올랐다. 이후 1300K는 카테고리와 품목을 확장시켜 리빙 인테리어와 가구는 물론 라이프스타일 품목까지 등장시킨다.

사실 그 시기에 라이벌 회사가 있었다. 바로 텐바이텐 10X10이다. 1300K와의 차이라면 팬시, 소품보다 리빙 용품의 비중이 좀 더 컸다는 점이었다. 매스티지데코도 당연히 두 개의 몰에 입점했다. 그리고 브랜딩과 매출에서 상당한 수혜를 입었다.

이런 식이였다. 새로운 콘셉트의 아이템이나 시리즈가 나오면 1300K와 텐바이텐에서 우선적으로 론칭을 한다. 항상 새로운 트렌드를 지향하고 리드한다는 인상을 강하게 주기 위해서다. 다행스럽게도 그곳 담당자들이 자사의 브랜드 이미지와 제품에 대해 호의적이라 이 일이 순조로웠다. 그리고 이들 몰의 메인 배너에서 흥행의 조짐이 보이면 그다음으로 신세계몰, 현대몰, GS몰, 롯데몰 같은 종합쇼핑몰에서 (마치 기다렸다는 듯이) 경쟁적으로 판매를 시작한다.

> **머니투데이** · 2012.08.21. · 네이버뉴스
>
> 매스티지데코, 가구도 '강남스타일'
>
> '**한가인 화장대**', '**박한별 화장대**'로 유명한 매스티지데코는 고가의 빈티지풍 북유럽가구를 대중적으로 양산화시키면서 고급스러움과 부담 없는 소비를 실현하게 해주는 브랜드다. 또한 매스티지데코는 디자인과 제품력,...

자사 매스티지데코 브랜드 기사 (출처 : 머니투데이)

시작은 일명 '한가인 화장대(드라마 PPL)'로 입소문이 났었던 모더니카 화장대였다. 텐바이텐에서 무려 10개월 연속 예약 판매 기록을 남기면서 '잇템'이 되었다. 40피트 하이큐브로 불리는 대형 컨테이너에 대략 250개의 화장대가 실리는데 매달 두 개의 컨테이너가 도착하면 전 달 예약 고객 500명에게 배송했다. 이런 식으로 10개월을 보내다가 생산량 증대가 되고 난 후에야 예약 판매가 끝났다.

이 난리는 결과적으로 일종의 마케팅 공식이 되어버렸다. 디자인몰에서 띄워주고 큰 매출은 종합 몰에서 나오는 것 말이다. 디자인 전문몰, 종합쇼핑몰 그리고 공급업체가 함께 만들어낸, 상생의 극치였다.

그런데 현재 이들 플랫폼의 위세는 화무십일홍(권력은 10년 못 가고 활짝 핀 꽃이 열흘 가지 못한다)이란 말처럼 되어버렸다. 1300K는 2015년에 NHN엔터에 인수되었다. 두 번의 지분 매입을 통해 100억 원에 팔렸다. 과거 위상에 비한다면 거의 헐값이다. NHN으로서도 인수를 통한 매출 진작

보다는 그들의 간편결제 서비스 페이코PAYCO의 회원 저변을 넓히기 위함에 불과했다.

텐바이텐은 2013년 GS홈쇼핑이 160억 원 원에 지분 80%를 인수하면서 GS그룹에 편입되었다. 이후 텐바이텐은 2019년 연간 취급액 1,100억 원을 달성하고 2021년 회원 610만 명을 기록하는 등 몸집을 키웠으나 이후 내리막길을 걷고 있다. 사실 리빙 분야에서의 영향력은 이미 2016년부터 하락세를 면치 못했다.

텐바이텐을 언급하면 29CM를 항상 거론하게 된다. 왜냐하면 29CM의 창업자가 텐바이텐 창업 5인 중의 한 명이었기 때문이다. 29CM 역시 GS리테일이 인수했지만 세련된 브랜드 이미지에 비하여 매출 파워는 크지 않았다. 그러다가 몇 년 전 대세 중의 대세 무신사가 29CM의 새 주인이 되었다. 결과가 어땠을까? 대성공이었다. 요즘 세대의 감성 니즈를 반영한 성수동 팝업스토어나 SNS에서의 공격적 홍보 마케팅에 힘입어 과거 텐바이텐이 가졌던 디자인 트렌드 1번지 역할을 톡톡히 해 내고 있다. 당연한 이야기겠지만 앞으로도 온라인 플랫폼의 변혁은 예상되며 그에 맞는 새로운 강자의 탄생 역시도 마찬가지겠다.

그런데 정말 모두가 화무십일홍일까? 최고 강자는 아니지만 꾸준한 롱런 브랜드는 그렇지 않은 것 같다. 그중에 아트박스Art box가 있다. 1984년 삼성출판사(대기업 삼성과 관계없다)

감도 깊은 취향 셀렉트샵을 표방하는 29cm와 매스티지데코 (출처 : 29cm)

내 사업부로 출발했다가 2년 뒤 독립한 문구용품 전문 유통 업체다. 다들 알 거다. 교보문고 한 켠에 항상 자리 잡고 있는 매장. 사실 이곳의 제품들의 디자인이 대단히 예쁘거나 세련되지는 않았다. 그래서 1300K가 돋보였던 이유도 있었다. 그런데 아트박스는 아직도 살아있다. '강한 자가 살아남는 것이 아니라 살아남는 자가 강한 자'라는 진부한 명언의 실례實例일까. 물론 아트박스는 온라인 플랫폼은 아니다.

상처를 기억하는 DNA

 아들 녀석을 나무랐다. 혼낼 짓을 했으니 당연하다고 생각했으나 이내 마음이 쓰라렸다. 내가 너무 흥분해 있지는 않았나 해서다. 그렇게 되면 말의 내용은 논리를 갖췄어도 음성과 눈빛에 실린 격한 감정에 가리워진다. 결국 아이에게 상처만 남는다. 내 부친 역시도 조금 다혈질이셨다. 아들 녀석이 엄마에게 이렇게 말한다. "내가 아빠 닮아서 그래. 성깔이." 13세 녀석 하는 말이 나와 이리도 비슷할까? 이것도 유전인가 보다.
 그런데 이런 생각이 들었다. 46개의 DNA 분자가 가진, 2만여 개의 유전자 어딘가에 있는, 그 몹쓸 '욱' 유전자는 나의 족보상 언제부터 생겨났을까?
 다윈의 자연선택설에 의거한다면, 두 가지다. 아주 먼 옛날 그 '욱'하는 성격 때문에 생존할 수 있어서 대를 잇게 한,

조상이 있었거나 아니면 모두들 유순하여 '곰탱이'라고 불러도 좋을 조상들 틈에 '욱' 유전자를 가진 돌연변이가 태어났거나.

'사람은 바뀌지 않는다'라는 말이 참이라면 그 이론적 배경은 '획득된 형질은 유전되지 않는다'라는 현대 진화론일 거다. 바꿔 말하자면 목이 짧은 기린이 긴 나무에 열린 열매를 따 먹기 위해 목 스트레칭을 대대손손 열나게 하다 보니 긴 목으로 진화되었다는, 라마르크의 용불용설을 반박하는 이론 말이다. 그런데 최근 이에 위배되는 연구들이 여기저기서 나타난다.

후생 유전학

2014년 국제학술지 '사이언스'에 실린, 하버드 의대 및 캠브리 지대 공동 연구진의 생쥐 연구를 보자.

암컷 생쥐들이 임신 기간 동안 영양이 부족한 환경을 겪게 되면, 그 암컷들에서 태어난 새끼들은 정상 암컷에서 태어난 새끼들보다 낮은 몸무게와 대사질환을 갖고 태어난다고 한다. 흥미로운 점은 엄마 생쥐(1세대)의 영양실조는 배 속의 새끼들(2세대) 중 수컷의 정자 내 유전자들에 유전적 각인을 새긴다는 거다. 쉽게 말해서, 대를 이어도 원래의 DNA에는 변화가 없지만 생식세포에는 후천적 경험이 새겨져서 유전된다는 말이다.

이렇듯 생물체 생식세포의 유전자 서열에는 변화가 없었음에도 유전자 정보의 결과물이 달라질 수 있다는, 정교한 메커니즘을 연구하는 학문이 후성유전학epigenetics이라 한다.

후생 유전학을 살피다 보니 희망이 생겼다. 용불용설이 폐기처분되고 '타고난 인성은 바꿀 수 없다'는 유전자의 불가역성을 굳건히 믿고 사는 시대에 후천적 노력을 통해 얻어낸 인내심이 유전될 수 있다니 말이다.

그런데 반대로 생각하면 끔찍하다. 전쟁이나 자연재해로 인한 고통으로 트라우마를 겪던 이들은 그 비극을 후대에까지 넘겨줄 수 있다는 말 아닌가. 실제로 그랬다. 뉴욕 마운트 시나이 의과대학의 레이첼 예후다 교수가 2020년에 실시한 '홀로코스트 생존자와 그 자녀에 대한 연구'에 의해서 부모의 트라우마가 실제로 대물림될 수 있다는 사실이 밝혀졌다.

평범한 우리네 가정을 돌아보자. 자기 자식에게 어떤 이유에서라도 상처와 아픔을 준다면 그건 그 아이만의 고통이 아니라 그의 자녀들 그러니까 나의 손주들과 먼 미래의 후손들에게도 죄를 짓는 셈이다. 그래서 사람을 신뢰하고, 호기심으로 세상을 바라보고, 어려운 이들에게 연민을 가지는 것이 옳은 일이라면 그것들을 실천하여 선한 영향력을 내려받게 해주자. 이 나이에 참 어렵겠지만 말이다.

변화를 동반한 계승

'진화'라는 단어는 우리가 보통 '앞으로 점점 개선 또는 발달된 양상으로 나아감'의 뜻으로 자주 쓰는데, 진화론적 입장에서 진화의 정의는 '환경에 적응한 개체만 살아남아 대를 잇는 것' 즉 자연선택설을 말한다.

그래서 늘 헷갈리게 되는 일이 있다. 원숭이로부터 호모 사피엔스로 발전해 나가는, 그 유명한 그림 또는 목이 짧았던 기린의 목이 점차 길어지는, 용불용설을 설명하는 그림과 딱 맞아떨어지기 때문이다. 오죽했으면, 다윈의 《종의 기원》을 번역한 장대익 교수가 방송에서 (이 그림이 넘쳐나는) 구글을 폭파하고 싶다는 농담을 했을까.

진화에 해당하는 원어 'evolution'은 '말아 올린 것을 펼친 것 an opening of what was rolled up'이라는 뜻의 라틴어 'evolutionem(명사형 evolutio)'에서 유래되었다. 그리고 찰스 다윈은 그의 저서 '종의 기원'(1859)의 마지막 단락에서 단 한 번만 이 단어를 인쇄물로 사용했으며, 이후에는 '진화' 대신에 '동반한 계승 descent with modification'이란 말을 썼다고 한다. 장대익 교수도 이를 강조했다.

하지만 '동반한 계승'은 '동반되지도 계승되지도' 않았다. 서구나 우리나 'evolution'과 진화라는 용어를 보편적으로 쓰고 있어서다. 다윈조차 선호하지 않았던 '진화'라는 용어가, 오히려 대중과 학계에서 '다윈'의 이름과 결합해 상징처

럼 굳어져 버렸다

후생 유전학은 우리 삶의 경험이 단지 개인에 그치지 않고 유전적으로 다음 세대로 이어질 수 있다는 경이로운 사실을 드러낸다. 우리는 고통도, 회복도, 인내도 모두 유전될 수 있다는 가능성을 인식함으로써, 각자의 삶에서 선한 영향력을 실천해야 할 책임이 있지 않을까?

그리고 '진화'란 단어는 발달의 빌드업이 아니라, 환경과 삶의 조건 속에서 끊임없이 변화를 동반하며 계승되는 복합적인 흐름의 산물이란 것도 잊지 말아야 하겠고 말이다.

한국 팝의 열정이
녹아든 장소를 찾아서

'한국 사랑'으로 유명한 노엘 갤러거와 리암 갤러거 형제가 주축이 되어 결성된 영국의 록그룹 오아시스oasis. 최근 데뷔 30주년을 맞아 재결합했는데 역시 내한 공연을 약속했다. 록 계보에서 너바나를 필두로 인기를 얻었던 얼터네이티브록에 이어 펼쳐진 브릿 팝 혹은 모던 록의 노른자위에 오아시스가 위풍당당하게 서 있는 이들이다. 그런데 이들 역시 라이벌을 가진다. 런던에서 결성된, 영국 도시 중산층의 전형적 이미지를 가진 블러blur가 그들이다.

유복하고 세련된 정서의 이들에 비해 북부 노동자 계층의 도시 맨체스터 출신의 오아시스는 거칠고 투박하고 직설적이다. 두 밴드의 라이벌 구도는 잉글랜드의 노동 계층과 중산층의 대립인 셈이다. 즉 같은 브릿 팝 카테고리에 속하지만 홈타운의 정서와 사회적 배경이 각 밴드의 정체성을 구축한 것이다.

그렇다면 우리 가요사에 있어서 조금 먼 시절까지 환기하며 이런 질문을 던져 본다.

Q1. SM(구 수만기획)이 1996년 청담동으로 이전하기 전까지 있었던 곳은 송파구 석촌동이었고 청담동에 있었던 JYP가 강동구 성내동으로 이사를 간 때는 2018년이다. 이 두 기획사가 엇갈린 행보를 한 이유는?

Q2. 심신과 김원준. 나이도 크게 차이가 안 나고 데뷔 연도도 비슷하다. 그런데 전자는 대중 스타, 후자는 청춘스타라고 각인된 까닭은 무엇일까?

Q3. 왜 X세대 인기 가요는 구로구 가리봉동 같은 곳이 아니라 강남구 압구정동과 연관되었고 인디INDIE 음악은 강북구 수유동 같은 곳이 아니라 마포구 서교동 같은 곳과 엮였을까?

Q4. 1980년대 중반에서 1990년대 초반에 이르는 시기에 '방배동 카페골목'이라는 특별한 장소에서 유래한 음악이 방송과 음반을 통해 전국적 규모의 상업적 성공을 거두었던 이유는?

정답은 하나만 까 보자. Q4의 정답은 가수 조덕배와의 인터뷰 내용을 바탕으로 한다. 그는 1980년대 방배동이 지금의 압구정동이나 청담동처럼 세련되고 현대적인 문화를 빠르게 받아들이던 공간이었다고 회상한다. 신촌, 대학로, 이태원도 각각의 색깔이 있었지만 본인과는 잘 맞지 않았다고 한다. 반면 방배동에는 자연스럽게 비슷한 취향을 가진 사람들이 모였고, 그 인맥과 장소를 통해 곡이 쉽게 만들어질 수 있었다는 것이다. 실제로 그는 김종찬, 최호섭 등과 가사를 주고받으며 협업했고, 1983~1984년 무렵 방배동을 자주 찾았다고 한다.

90년대 초중반쯤 방배동 카페거리를 좀 다녔던 나로서는 금시초문의 이야기다. 그런데 무척 흥미롭고 그다음 내용이 궁금해진다. 나와 같은 호기심이 든다면 이 책을 꼭 읽기를 바란다. 《한국 팝의 고고학》을 말이다.

한국 팝의 역사를 찾아서

이 책은 전 4권의 분량이 합쳐서 2천 페이지에 달한다. 어느덧 50대 줄에 들어선 X세대라면 마지막 4권 《한국 팝의 고고학 1990》 일독을 권한다. 30여 년 전 추억의 만끽은 물론 새로운 관점의 가요 비평을 즐길 수 있다.

이 책의 대표 저자는 신현준 성공회대 연구교수다. 90년대 중후반 대중가요, 록 음악 관련 문화 이론과 담론이 들끓던 시절을 아는 이라면 그를 모를 리 없다. 특히 얼터네이티브 록에 있어서 임진모 평론가가 개론서라면 그는 전공서다.

나머지 두 저자 최지선, 김학선 역시 이 분야에 있어서 역량 있는 작가들이다.

저자는 서문에 '음악에 대해서만 쓴 글이 자연스럽게 사회문화적 관계와 정치 경제적 역학도 느끼게 해 줄 수 있다면 얼마나 좋을까' 하는 생각을 꺼내 놓았다.

그래서 그동안 나왔던 가요, 한국 대중가요, 케이팝(K-POP) 등과 관련된 여타 책들과 접근과 서술 방식에 있어서 사뭇 다르다. 보통 한 갈래의 예술 혹은 대중문화를 다룰 때는 인물의 전기와 작품에 대한 미학적 품평이 주를 이룬다. 그런데 이 책은 '음악'을 만든 사람들과 그들의 '주요 터전'에 집중한다. 특히 1980~1990년대를 다룬 3권과 4권은 '장르'와 '장소'를 연계시키는 데 무척 노력을 기울인 흔적이 엿보인다.

보도자료의 내용을 보자. 4줄로 간략하게 표현하자면 다음과 같다. "한국 팝의 고고학' 시리즈는 지난 20세기 중반부터 후반까지 한국 대중음악이 지나온 궤적을 살펴보는 세밀한 탐사다. 본 시리즈는 마치 고고학의 발굴과 같이 깊고 넓게 들어가는 작업을 통해, 오랜 시간 동안 우리의 감수성에 뚜렷이 각인된 음악들이 어떻게 만들어지고 향유되어 왔는지 그 흐름을 살펴보고자 한다."

탐사원정대인 저자들은 발굴 지역을 언급한 옛 뉴스부터 관련 서적까지 포렌식 연구하듯 샅샅이 뒤짐은 물론이거니와 그 장소와 관련된 사람들을 직접 만나 인터뷰했다. 무엇보다도 왜 그곳이 특정 장르 혹은 시대성의 장소와 씬으로 구축되었는지에 대한 '인과 관계' 그리고 어떤 방식으로 도모되었는지에 대한 '연계 관계'를 규명하는 데 집중했다. 그게 장장 20년이나 걸린 여정이란다.

결과 역시 놀랍다. 지난한 세월을 거친 고고학적 접근은 하나의 괄목상대할 만한 인문 지리학적 큰 성과를 냈기 때문이다. 그래서 이는 단지 한국 팝이란 음악 장르에 국한되지 않는다. 예를 들어, 1990년대 압구정동의 경우, 이른바 그곳을 드나들던 X세대 다수의 인구통계학적 요인들부터 그 문화를 리드했던 이들의 차별화된 라이프스타일과 미적 취향까지도 채집할 수 있기 때문이다.

이처럼 장소는 한 인간이나 집단의 사상, 교양, 외모, 라이프스타일, 정체성 등을 규정시킬 수 있는 강력한 마력을 지닌다. 그래서 인문 지리학자 이 푸 투안 Yi-Fu Tuan은 '공간'에 삶과 경험 그리고 애착이나 열정이 녹아들면 그곳은 '장소'가 된다고 했다. 그리고 '수많은 장소'와 차별성을 갖게 만드는 것이 '장소성 placeness'이다.

덧붙인다. 몇 년 전에 SBS의 다큐 음악 쇼 〈전설의 무대 아카이브 K〉를 흥미롭게 시청했다. 대한민국 대중음악의 역사를 가수들의 라이브 무대, 관련 인물들의 증언 그리고 생생한 토크와 함께 구성한 일종의 예능 다큐였다. 이 프로가

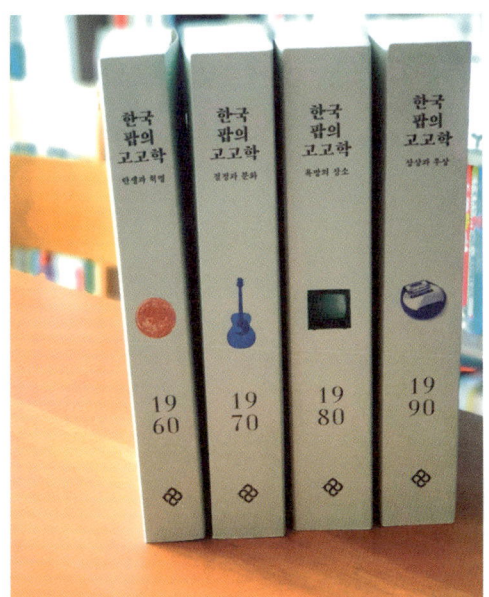

40년 음악사를 압축한 《한국 팝의 고고학》 시리즈

빛나고 유의미했던 것은 단지 프로듀서와 전문가 몇 명의 머리에서 짜낸 내용이 아니라 당시 가수, 관계자 그리고 열성팬으로부터 수집한 자료와 제공받은 정보로 집대성한 아카이브(archive 기록의 보존)에 기초했기 때문이었다.

4장

간극과 경계:
창작과 몰락의 진자 운동

창작은 늘 경계 위에서 흔들린다. 빌리 조엘과 엘튼 존, 호퍼와 호크니처럼, 현실의 서민성과 낭만의 이상은 예술 안에서 서로를 밀어내며 끌어당긴다. 정신 승리라는 개념은 이 경계의 한 극점에서, 현실의 패배를 내면의 승리로 둔갑시키는 인간의 방어기제로 작동한다. 히피즘과 비주류 정서는 또 다른 극점에서, 자유와 자율성을 향한 집단적 저항으로 창작의 에너지를 분출한다. 그러나 기술과 이미지가 지배하는 오늘날, 창작은 점점 더 환상과 소비의 영역으로 밀려나며 몰락의 진자 끝에 다가서고 있다. 창작은 이 간극을 인식하고, 경계에서 다시 진자처럼 흔들릴 때 비로소 살아난다.

창작자들 이야기

같은 듯 다른 예술가 이야기

대한민국 50대 이상 남녀 중에 팝가수 빌리 조엘과 엘튼 존을 모르는 이가 있을까? 굳이 음반이나 테잎을 사지 않아도 빌리 조엘의 〈어니스티honesty〉와 엘튼 존의 〈투나잇tonight〉을 라디오의 팝 음악 프로그램에서 지겹도록 틀어주었기 때문이다. 그런데 재미있는 사실은 두 아티스트의 음악은 매우 흡사하다. 우수에 젖은 음성과 호소력 짙은 가창력은 물론 노래에 배어 있는 감미로운 리듬과 가슴을 후벼 파는 후렴부의 피크까지도. 게다가 피아노 연주 실력까지도 말이다.

하지만 그들 노래의 이야기를 비교한다면, 사뭇 다름을 알 수 있다. 빌리 조엘은 (뉴욕에 살지라도) 도시 노동자 혹은 평범한 서민들의 일상과 애환을 매우 솔직하게 이야기한다. 〈Piano man〉의 가사가 그렇다. 고급 세단을 타고 온, 아르마니 슈트를 입은 신사들이 유흥을 즐기는 멋들어진 바가 아니라 하루의 노동을 마친 보통 사람들이 지친 심신을 풀기 위해 오는, 동네의 작은 바에서 연주하는 이를 그렸다. 하루를 고달프게 살고 있지만 오늘 밤을 위한 노래 〈Sing us a song tonight〉를 듣기 위해 그곳에 오는 온갖 군상의 인간들을 피아노 맨의 시선으로 노래한다.

그에 비해 엘튼 존은 사람의 이야기보다는 낭만적인 사랑과 온갖 심사가 엉켜있는 삶에 대한 시를 읊는다. 예를 들어, 그의 노래 〈Sorry seems to be the hardest word〉(미안하다는 말은 가장 힘든 말이에요)의 가사에는 어떻게 해야 당신이 날 사랑할지, 내 말을 듣게 하려면 내가 뭘 해야 할지, 상대에게 사랑의 갈구를 절규하듯 호소하고 염원한다.

그런데 이들 천재 뮤지션 둘의 오묘한 차이를 현대미술의 거장인 에드워드 호퍼와 데이비드 호크니의 작품에서도 발견할 수 있다. 두 거장의 작품을 섞어놓고 감상하자면 매우 유사한 느낌이 든다. 강렬한 원색으로 표현된 멋드러진 도시 감성 말이다. 하지만 조금 더 주의 깊게 응시하면 확연한 차이가 드러난다.

호크니는 낮의 일상을 그렸다. 그것도 주로 햇빛 찬란한 하늘 아래 놓인 수영장을. 거기에는 꼭 누군가의 풍요와 여유가 존재한다. 할리우드 영화에 자주 등장하는, 캘리포니아

밤을 새는 사람들(김지수 그림)

일대의 부촌에 있음 직한 수영장이 딸린, 단아한 모던 양식의 고급 주택의 안팎이 고스란히 연상된다. 실제로 호크니는 1960년대에 LA의 산타모니카에 거주했다고 한다. 당연히 수영장이 딸린 근사한 집이다.

반면 호퍼는 주로 대도시의 밤을 지배하는, 외로움에 사로잡힌 도시인을 표현했다. 약간은 거친 채색을 뿜어내는 유화를 사용해서 그랬을까? 화려하고 역동적인 뉴욕의 밤 문화는 온데간데없고 고독, 단절, 상실감이 지배하고 유영하는 '미드나잇 시티'를 강하게 느낄 수 있다.

'밤을 새는 사람들'이라는 뜻의 대표작 〈나이트호크Nighthawk〉를 보면, 레스토랑의 이름으로 생각할 수 있는 '필리스'

라는 간판이 보인다. 그런데 이는 1940년대 서민층에게 인기가 많았던 '필리스 시가Phillies cigar'의 광고판이란다. 즉 이곳은 평범한 도시인들이 밤늦게까지 이용하는, 그저 그런 간이식당DINER인 셈이다. 그 안에 나란히 앉은 남녀가 식당 종업원과 무언가 이야기하는 듯하다. 측면에는 이들을 아랑곳하지 않은 중절모를 쓴 신사가 홀로 식사를 하고 있다. 보기만 해도 건조하고 삭막하다.

뼛속까지 뉴요커인 빌리 조엘과 에드워드 호퍼. 그들이 전달하는 메시지의 주인공들 역시 소름이 끼칠 정도로 속내가 비슷하고 닮았다. 그건 엘튼 존과 데이비드 호크니의 관계도 마찬가지다.

빌리 조엘의 노래 〈James〉에 관한 사연을 소개한다. 그의 부모는 아들이 미국 아이비리그 명문대 중의 하나인 콜롬비아 대학에 입학하기를 학수고대했는데, 그가 대학을 가지 않고 콜롬비아 레코드의 소속 가수가 된 이야기는 그의 팬이라면 잘 아는 재미있는 사실이다. 그런데 그의 초기작 〈James〉의 가사를 보면, 왜 그가 가수의 길을 택했는지 잘 나와 있다.

제임스는 그의 실제 친구 이름이고 유년 시절부터 알고 지낸 죽마고우다. "Hey, just look at what a job you've done, Carrying the weight of family pride. James, you've been well behaved,"라는 가사 속 그의 친구 제임스는 아주 열심

히 살고 있지만 정작 그가 좋아하고 만족하는 일을 하는 것이 아니라 가족의 명예 또는 사회적 간판을 위한 세속적인 삶에 경주하는 것 같다. 빌리 조엘 자신이 부모의 뜻을 저버리고 음악인이 된 행보와 정반대인 셈이다. 그래서 이 노래를 들을 때마다 가슴 한구석이 먹먹해진다. '나 역시 제대로 나의 길을 간 것 맞나'하는 생각이 들기 때문이다.

음식에 대한 인문적 사유에 깃든 철학적 내공

"사람들은 버번이 얼마나 많은 시간을 거쳐 만들어지는지 잘 모르는 것 같아요. 숙성 연도를 보고 그 정도 시간이 걸렸다고 생각하죠. 하지만 실제로는 그보다 훨씬 더 많은 시간이 걸립니다. 옥수수가 자라는 데 걸리는 시간과 나무가 성숙하는 데 필요한 70여 년의 시간을 생각해 보세요."

"버번은 단맛으로 알려졌지만, 제게 버번의 정말 흥미로운 노트는 고소함에서 시작됩니다. 그리고 저는 가죽이나 건초의 흙냄새와 까맣게 탄 캐스크에서 숙성된 스모키한 향을 높이 평가합니다."

버번위스키 세계에서의 일반론을 거스르는 독특한 시각이다. 그런데 곱씹어보면 이해가 되는 말이다. 위대한 문학 작품의 가치를 평가할 때 그걸 지어낸 작가의 작업 기간보다 그가 살아온 여정의 시간에 더 방점을 둔다는 점을 상기한다면 말이다.

그렇다면 위의 이야기는 누가 말했을까? 한국인으로서는 이균이란 이름으로 살아가는, 미국인 에드워드 리가 그 주인공이다. 요즘 가장 핫한 인물이라 해도 과언이 아니다. 넷플릭스의 요리 경영 프로그램 〈흑백요리사〉에서 안타깝게도 2등에 머물렀지만 방송 내내 그가 보여 주었던 격조 있는 모습과 요리 실력 그리고 무엇보다도 요리에 대한 그의 남다른 철학은 많은 시청자들이 "진정한 우승은 에드워드 리!"를 마음속에서 외치게 만들었다.

특히 결승전에서 떡볶이 디저트를 내놓으면서 심사위원들에게 했던 말은 정말로 마음이 울컥해질 정도로 울림이 있었다. "제가 한국에서 음식을 먹으면 너무 많아서 못 먹어요. 떡볶이가 2~세 개 남고 그래요. 그게 아깝다고 생각했었는데, 이제야 생각이 드는 것이 풍족함과 사랑 그리고 다른 사람을 위한 배려가 한국 음식에 깔린 따뜻한 정서라는 것을 알게 되었습니다." 깊은 인문적 사유와 음식에 대한 철학적 내공이 있어야만 가능한 멘트다.

요리 경연 프로그램인 〈아이언 셰프〉의 우승과 미 백악관 만찬 셰프란 화려한 타이틀에 가려진 그의 진면목이 궁금하여 다른 이력을 좀 들여다봤다. 뉴욕 NYU에서 영문학 학사를 했으며 이미 몇 권의 책을 집필한 경력을 가진, 엄연한

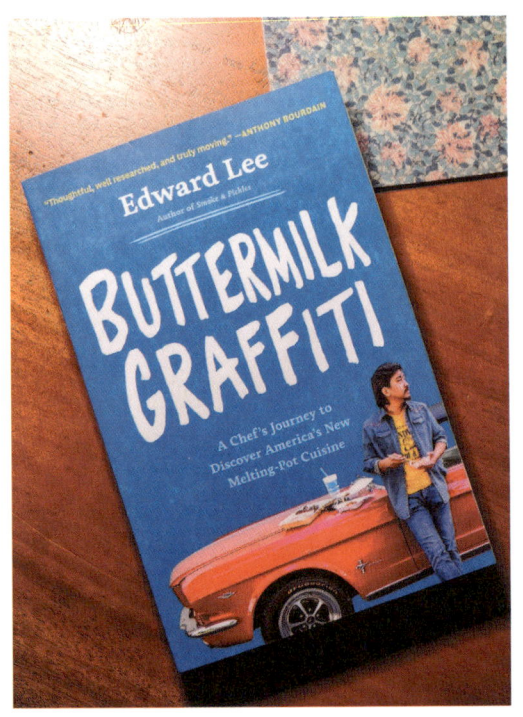

에드워드 리의 《버터밀크 그래피티》

작가다. 경연 동안 그가 구사했던, 정제되고 감동적인 워딩의 배경을 이제야 알겠다. 게다가 그는 버번위스키 전문가이자 저술가이기도 하다. 그가 현재 살고 있는 곳이 버번위스키의 성지라 할 수 있는 켄터키주의 루이빌이니 100% 이해가 가고도 남는다. 그곳에는 짐빔, 와일드 터키 그리고 메이커스 마크 등과 같은, 세계적으로 유명한 버번위스키 증류소들이 모여있다. 그의 최근 저서 《버번 랜드》에는 그가 창의적으로 해석한 여러 종류의 남부 요리와 궁합이 맞는 버번 위스키들을 소개했다고 한다.

다만, 그의 요리에 대한 열정과 문학 감성의 필력을 제대로 만끽하기 위해서라면 국내에도 최근 번역 출간된 그의 저서 《버터밀크 그래피티》를 추천한다. 이 책은 에드워드 리가 새로운 요리를 탐구하고자 미국 전역을 2년간 여행하면서 쓴 음식 기행문이자 각지에서 만난 다양한 사람들과의 이야기 그리고 그들이 제공한 음식에서 영감을 받아 만든 40가지 레시피를 16개의 장을 통해 소개하는 글이다.

'이민 가정의 한국인 이균과 미국인 에드워드 리'라는 그의 두 가지 정체성은 오랫동안 정신적 번뇌가 되어 자신을 괴롭혔지만 결국 '독특함으로 층화된 음식'으로 거듭나게 되었다.

힙하다는 유머

"네 어린 시절에는 성경과도 같은, 저희 세대가 칭송하던 출판물이 있었습니다. 현재의 구글이 등장하기 35년 전의 이야기죠. 그런데 그것이 종이책 형태라 그렇지 쓸모에 있어서는 지금의 구글과 같았습니다. 게다가 그것은 이상주의적이었고 깔끔한 도구 그리고 멋진 개념을 담고 있었습니다. … 연설을 마칠 시간이군요. 앞서 언급했던, 제 유년 시절의 정신세계를 지배했었던 그 멋진 책의 폐간호에 실린 마지막 문구를 들려드리면서 마치겠습니다. 언제나 갈망하고, 언제나 우직하게 Stay hungry Stay foolish."

조금 각색한 글이다. 그래도 이 연설의 마지막 구절을 읽으면 말하는 주인공이 누구인지 금방 알아챘을 것이다. 예측했듯이 2005년 6월 스탠퍼드 대학 졸업식에서의 스티브 잡스의 연설 내용이다. 이날 그 유명한 hungry와 foolish가 등

WHOLE EARTH CATALOG 창간호 표지 (출처 : wholeearth.info)

장했다.

그런데 그의 유년 시절에는 성경과도 같았던, 연설 마지막을 장식했던 멋진 문구를 보여 주었던 그 책은 우리에게 낯설다. 정체는 〈WHOLE EARTH CATALOG〉다. 우리말로 번역하면 '전체 지구 목록'이라서 꽤 어색하다.

우리의 원구체 지구와 그것을 둘러싸고 있는 대기권을 누가 처음 사진으로 찍었을까? 나사NASA다. 그런데 1966년 어느 날 그 위성사진을 만천하에 공개하라고 주장한 이가 있었다. 그의 이름은 스튜어트 브랜드. 그는 이 사진이야말로

'지구인들의 운명과 적응 전략에 대한 감각'을 불러일으키는 강력한 상징이 될 수 있다고 이야기했다. 그래서일까? 그가 1968년에 창간한 잡지 〈WHOLE EARTH CATALOG〉의 표지에는 고요하고 검은 우주에서 둥그런 모습을 한 채 빛을 발하고 있는 지구의 모습이 담겼다.

각설하고, 이 잡지가 중요한 이유는 이렇다. 스티브 잡스가 말했듯 당시 그 또래들이 10대 시절에 홀 어스 카탈로그를 보고 자랐으며 20대에는 히피의 시간을 가졌다. 이 잡지가 성인기 히피를 위한 일종의 준비 체조였다면 이들 세대(스티브 잡스 같은 유형의 인간들)는 유년기와 청년기 모두를 합한 대략 10년을 히피즘에 경도되고 체화되어 살아왔었다는 셈이다(당연히 모두는 아니었을 것이다. 그것이 쿨하고 앞서간다고 느끼고, 주류에 반하는 이상주의 같은 것이라 여겼던 이들의 지배 정서를 말하는 거다).

잡지는 도구로써 유용한 것들, 자립교육과 관련된 것들, 고품질 저비용의 가치가 있는 것들, 이미 상식적으로 알려진 것 외의 것들, 우편배달로 쉽게 주문할 수 있는 것들 등을 다뤘다. 즉 창의력이 넘치고 독특하고 미래지향적인 '도구적 제품들tool'을 소개한 것이다.

그래서 책, 지도, 정원 관리 도구, 특수한 옷, 목수나 벽돌공의 도구, 삼림 장비, 텐트, 용접 기구, 여행 전문가, 초창기 신시사이저, 퍼스널 컴퓨터 등을 소개하는데, 생각해 보자.

9100A 전자계산기를 다룬 내용 (출처 : wholeearth.info)

이때가 1968년도였다. 그런데 PC, 신서사이저 심지어 마셜 매클루언을 들먹이면서 '사이버네틱스'를 다룬 SF소설도 소개한다. 결코 평범하지 않았다. 시대를 앞섰던 것이다.

골목길 경제학자 모종린 교수의 저서 《인문학, 라이프스타일을 제안하다》에 보면 미국의 1960년대 히피 운동의 축을 세 가지로 분류한다. 첫 번째는 반전, 평화, 인권, 평등을 추구한 정치운동이다. 두 번째는 쾌락주의와 신비주의다. 예를 들어, 마약, 사이키델릭 음악, 섹스, 대안 종교 등이다. 세 번째가 '라이프스타일' 운동이다. 흔히 알고 있는 트렌드나 패션으로써의 라이프스타일이 아니라 일상을 지배하고 생활신조나 삶의 가치관에 드리워진 정신과 행동의 모든 것을 말한다. 이것의 대표적인 것이 이른바 히피 공동체다. 이는 자급자족 경제 체제를 지탱하는 방식으로 개인의 창의성과 기술을 강조했다. DIY, 공예, 기술을 통해서 이것들이 발현되었다.

그렇다면 홀 어스 카달로그는 세 가지 중 어느 범주에 속할까? 이는 곧 스티브 잡스 류의 창의적이고 혁신적인 인물들의 가치관과 삶의 태도와도 밀접하다. 즉 세 번째에 가깝다고 본다. 물론 세 가지를 공유하되 한 가지에 특화 또는 집중되었을 것이다. 예를 들어서, 애플, 홀푸드마켓, 벤앤제리스 등이 이에 속할 것이며 모두 히피 출신 사업가들이 만든 기업이자 브랜드다.

다시, 〈WHOLE EARTH CATALOG〉의 발간 이유를 보자. '사람들이 주로 사용하는 제품들은 정부, 대기업, 정규 교육 그리고 교회라는 권력을 통해 원격으로 수행되었기에 이러한 딜레마를 탈피하기 위해서 개인적인 힘의 영역, 즉 자신의 교육을 수행하고, 자신의 영감을 찾고, 자신의 환경을 형성할 수 있는, 이른바 자립형 제품들을 소개한다' 결국 '홀 어스 카다로그'는 반문화counter culture 혹은 하위문화sub-culture의 성전이었던 셈이다.

그렇다면 '힙hip'이란 무엇인가? 이 단어의 발음과 비슷한 대중문화 콘텐츠로 히피, 힙합, 힙스터 등의 단어 모두가 힙에서 유래한다.

　사실상 'HIP'이라는 단어는 미국에서 110년 이상 오래된 말이며, 지난 세월 동안 많은 변천을 거쳐 왔다. 20세기 초에는 hep이란 단어와 교환적으로 사용되었다. 조지 V. 호바트의 1904년 소설 《Jim Hickey》에 이 단어가 처음 등장하는데, '매우 세련된 very fashionable'이라는 의미를 지녔다. 또한 가장 최신의 음악, 패션, 언어 등에 관한 지적이고 세련된 '인식 또는 습득 aware'으로 풀이되었다. 1960년대 하위문화의 대표적 표상인 '히피 hippie'도 hip에서 나온 말이고, 자기 고유의 독특한 문화를 가지고 있는 힙스터 hipster도 마찬가지다.

　힙합 hip hop'을 보자. 엉덩이 hip를 신나게 올리고 내리는 hopping 동작을 보고 힙합이라 불렀다는 설도 있다. 그런데 이 단어는 단지 음악이나 댄스 등 한 장르를 말하는 것이 아니라 음악, 의상, 언어를 포함한 생활양식과 태도 전반을 가리킨다. 이 단어는 힙합 태동기인 1970년대 말과 80년대 초 힙합 크루 유니버설 줄루 네이션의 창시자 아프리카 밤바타 Afrika Bambaataa가 처음 사용했다는 설이 유력하다. 최초의 랩 음악이라고 알려진 랩퍼스 딜라이트 Rapper's delight의 가사에도 이 단어가 나온다. "Said a hip hop the hibbit the hippidibby hip hip hoppa you don't stop"이다.

날것의 윤색

마약을 팔던 낡은 건물 뒤의 작은 광장에서 흑인 아이와 청년이 모여 있다. 그들은 신나게 몸을 부려 작은 율동과 댄싱은 물론 과격한 몸동작까지 서슴없이 해낸다. 물론 훔쳐 온 턴테이블에 LP를 얹고 나름의 방식으로 음악을 틀어 주는 형, 그 리듬과 박자에 맞춰 마이크를 잡고 추임새를 넣는 삼촌이 있었기에 가능했다.

그러나 이 놀이의 내면을 들여다보면 슬프다. 뉴욕 브롱크스 슬럼가에 살던 빈민 아이들은 건너편 맨해튼의 백인 아이들처럼 화려한 조명이 빛을 발하는 공간에서 디스코 음악에 맞춰 유희를 즐길 여유와 형편이 안 되었다. 또한 감방을 다녀온 그들의 형과 삼촌이 바지를 골반까지 내려 입는 행동은 죄수가 허리띠에 달린 금속 버튼으로 자해하는 것을 막기 위해 버튼을 없애면서 생긴 옷차림새다. 여기에 스프레이로 벽에 낙서를 하던 장난질까지 더해져, 모두가 하나의 놀이 문화로 엮인 것이다.

10년 후 이 작은 로컬 놀이 문화는 디제잉, 브레이크 댄스(비보잉), MC, 랩이라는 전문성이 부여된 장르가 어울린 힙합 문화로 거듭났으며, 엄청난 팬덤을 형성한다. 그 후예 중 퍼블릭 에너미, NWA 등은 인종차별, 빈곤, 폭력과 같은 사회적 이슈를 가사에 넣었다. NWA의 일대기를 다룬 영화 〈스트레이트 아웃 오브 컴튼〉을 함께 보면 이해가 쉬울 것이다.

이는 백인들의 록과 마찬가지로 주류 사회의 부조리에 대하여 저항을 하고 분노를 표출하는, 흑인 비주류 문화의 대표성을 획득한다. 그다음은 예상대로, 주류 대중문화계에서 유혹의 손짓을 보낸다. 결국 다수는 거기에 편승한다. 정리하자면 서브컬처에서 태동하고 자라난 반문화의 날것이 주류의 입맛에 맞게 윤색되어 속은 덜어내고 겉은 더욱 화려한 모습으로 재탄생한 것이다.

강화된 것은 창법, 디제잉 스킬, 비보잉 그리고 무엇보다도 패션이다. 반면 덜어낸 것은 과격한 욕설(그래도 남았다)과 아마추어적 군더더기만이 아니었다. 정작 힙합의 근본이 되는 비주류 정서가 사라졌다.

여기서 말하는 비주류 정서는 '사회적 이슈에 대한 분노의 메시지를 담아낸 진정성' 같은 거창하고 공명적인 선언이 아니다. 이런 표현은 "뉴욕브롱크스에서 탄생한 힙합 본연의 COOL & FLEX!" 따위의 상업적 카피 문구와 대체하기에 알맞을 뿐이다.

비주류 정서는 지극히 간단하다. 내가 비주류일 때 가지는 심정이다. 차별받고 억울한데 어떻게 할 수 없을 때의 막막함 그리고 주류에 대해 동경도 하고 혐오도 하는 양가적 마음까지 포함해서 말이다. 그리고 간섭 받지 않고 내 마음대로 하고자 하는 자유 의지 역시 비주류 정서이다. 그래서 쉽게 공유되고 연대할 수 있다. 같은 자들이 많아서다.

1980년대 힙합문화의 모습 (사진: 위키미디아 커먼스)

따라서 윤색되어 메인스트림에 선보이는 힙합은 그 비주얼과 행위에 있어서는 같을지라도 그와 그들을 감싸 주던 단단한 감정과 회색의 감성은 거세된 것이다.

고관여 대중문화는 힙스터?

주류 대중문화 그리고 라이프 스타일과 관련된 상품들은 저관여 범용부터 고관여 특화에 이르는 스펙트럼을 가진다.

저관여 범용은 대량 생산과 유통 시스템을 통해 저가를 형성하고 경쟁함으로써 생존을 도모한다. 반면 고관여 특화 상품들은 다품종 소량 생산과 선택적 유통을 통한 특별한 시스템에서 잉태되고 성장함으로써 차별화된 독보적 상품성으로 매니아층을 구축하면서 생존한다. 그래서 고관여 특화 상품을 창조해 내는 이들은 하위문화 아우라 안에서 벌어지는 것들을 늘 엿보고 즐기기까지 한다. 그런 친구들을 (굳이 명칭을 부여한다면) 힙스터라고 부른다.

따져보면 힙스터는 사실 두 종류다. 사회적 정체성은 주류 사회의 고소득층인데 문화적 기호와 소비는 주로 하위문화의 콘텐츠를 선호하는 이들 그리고 밥벌이 노동과 의식주 생활 전부를 하위문화의 공간scene에서 보내는 이들 이렇게 말이다. 광고, 마케팅에 종사하는 이들이 전자라면 후자는 로컬 크리에이터 정도가 될 것이다. 그렇다면 이들 상품들을 구매하고 소비하는 소비층은 어떨까? 누군가에 의해 재창출된, 윤색된 상품으로 그 문화를 처음 접한 것이라면 당연히 본연의 정서를 만끽하거나 공감할 수 없다.

바다의 심연은 고요한만큼 변화도 없다. 반면 심연의 상층부 그러니까 우리가 접하는 바다의 표면은 늘 변화무쌍하여 언제 변할지 모른다. 심연이 하위문화 본연이고, 표피의 바다가 윤색된 대중문화라면 우리는 심히 고민할 필요가 있다. 우리에게도 진정한 심연의 문화가 있었는지 말이다.

허상의 시대

자신이 속한 세계에서 '인싸'가 되는 방법은 여러 가지다.

첫째로 가장 쉬운 방법이 금권력을 마음껏 휘두르는 것이다. 파티를 주최하거나 밥값을 내고, 선물을 아낌없이 베풀고, 아랫사람에게는 현금 용돈도 시전하고 말이다. 그러면 뿌린 만큼 거두는 효과를 누릴 수 있다. 나의, 나에 의한, 나를 위한 무대에서 주인공으로 행세하는 방법이다. 그런데 이런 진정성 없는 황제 놀이의 처참한 말로는 피츠제럴드의 《위대한 개츠비》에서 확인시켰다.

둘째는 지력 또는 권력을 부리는 거다. 이 부류의 사람들은 큰돈을 벌어 성공한 이들이 아니라 높은 관직에 오르거나 전문직 분야 또는 학술, 지성계에서 이름을 날리는 자들이다. 그래서 밥값과 선물 대신 엊그제 신문에 남긴 자신의 칼럼 내용을 읊거나 한 달 전 국제 포럼에서 만났던 세계적인사와의 대화 내용을 여과 없이 들려준다. 그러다 보면 경청자를 비롯해서 귀동냥이라도 할 참으로 모인 사람들의 스크럼이 어느새 그를 에워싼다. 이런 명성 놀음 역시 미디어에서 자신의 필력과 모습이 사라지는 순간 스크럼은 늘 함께 해체되었다.

셋째는 막무가내 타입이다. 정확히 말해서 인싸는 아닌데 '인싸라고 스스로 믿는 자들'이다. 요즘 말로 정신 승리자들을 일컫는다. 실제로는 패배했지만, 심지어 그것을 인지했음에도 불구하고 도리어 승리했다고 믿는, 긍정의 화신들. 어떠한 상황에서도 절대 주눅 들거나 졸지 않은, 가오 하나만은 남다른 이들 말이다.

그런데 여기서 '정신 승리'라는 말의 기원은 어디에서 비롯되었을까. 중국의 근대 문학 작가 루쉰이 1921년에 쓴 소설 《아Q정전》이 그 효시다.

정신 승리의 효시

아Q는 소설에 등장하는 주인공의 이름으로, 출신 성이 명확하지 않고 그저 동네 사람들이 그를 아꾸이阿Quei라고 불러서 아Q가 된 것이다. 그러므로 '아'는 영화 아비정전과 'Q'는 소설 1Q84와 하등 관련이 없다.

그런데 이 아Q의 정신 승리는 거의 역대급이다. 예를 들어, 자신의 전 재산이었던 은화를 모조리 도둑맞았을 때 그는 그 상실감을 바로 승리로 바꾸어 놓았다. 스스로 자신의 뺨을 때리고는, 때린 주체와 맞은 대상을 분리하여 생각함으로써 마치 자신이 다른 사람을 때린 것처럼 착각하며 만족스러워했다.

이 책은 가진 것이라고는 자존심 하나밖에 없는, 불쌍하고 미천한 이들을 한껏 조롱하기 위해 쓰인 것이 아니었다. 늘 세상의 중심이라 믿었던 중국이 아편전쟁과 청일전쟁에서의 패배를 겪고 흔들거리다가 신해혁명을 맞이했음에도 불구하고 변화된 세상을 감지 못하고 과거의 정신세계를 고수하니, 이를 비꼬기 위해 쓴 것이다.

특히 강한 자에게는 약하고 약한 자에게는 어김없이 강한 척하는 노예 의식 등 당시 중국인들의 표리부동한 태도를 아Q라는 밑바닥 인물을 통해 나타냈다. 즉 루쉰은 '정신 승리'를 마지막 남은 자존감을 지키기 위한 긍정적 정신 기제로 보지 않고, 게으르고 태만한 자신의 태도를 그저 안일하게 지키기 위한 '소시민의 패배 의식'으로 간주한 것이다.

이는 100여 년이 지난 현재도 유효하다. 세상은 변하는데 나만 홀로 과거의 방식을 고수하겠다는, '독야청청식 아집'과 변화는 수용하되 우리의 근본은 잃지 말자는 '중체서용식 사고방식(결국 실패한)' 역시 시대착오적 정신 승리가 아닐까.

지금까지 국내에서 번역된 《아Q정전》은 50종이 넘는다고

여름 날 길을 걷다가 찍은 《아Q정전》

한다. 그런데 1920년 초반의 작품을 번역했는지라 일반 독자가 읽기에 무척 난해한 문장들이 많았다. 그런데 창비에서 나온, 루쉰 전공자이기도 한 서울대 전형준 교수의 아Q정전 루쉰소설선은 기존 번역서들과는 달리 "깔끔하고 유려한 문장을 구사하고 있다"(교수신문 2006. 1. 11)라는 것이 중론이다. 《아Q정전》을 읽는다면 이 버전을 추천해 본다.

거리를 누비고 거니는 자들

루쉰이 비판한 정신 승리의 패러독스는 비단 중국만의 이야기가 아니었다. 같은 시대, 우리나라 역시 겉모습과 실제 내용 사이의 괴리를 보여주는 또 다른 사례가 있었다. 바로 일제강점기 경성의 모던 보이와 모던 걸들이다.

1938년 10월 1일의 일이다. 지난밤 음주가무 탓에 거딜 난 속을 달래기 위해 오 아무개는 진고개(현 충무로 2가) 남쪽에 자리 잡은 어느 카페를 찾았다. 그리고 칼피스(유산균 음료)를 한 개 시켰다.

이곳의 명칭은 혼마치(본정 本町)인데 일본인들이 많이 거주하고 있는 곳이다. 그리고 지금 경성에서 가장 핫하고 잘나가는 곳이다. 가장 세련되고 멋진 소비와 유흥의 중심지이기 때문이다. 이곳을 아지트로 삼는 선남선녀 그러니까 모던 보이, 모던걸들을 진산이, 혼부라라 부른다. 오 아무개 역시 대표적인 진산이다. 이 말은 도쿄 번화가 긴자를 누비는 멋쟁이들을 긴부라라 부른 것과 비슷한 맥락에서 만들어졌다. 예를 들어, 혼마치를 거니는 사람들을 혼부라 그리고 종로의 산보객을 종산이라 불렀다.

모던보이들 모두가 오 아무개처럼 술독에 빠져 사는 것은 아니다. 여기에선 탄산이 들어간 쏘다수와 파피스를 연인과 함께 마시는 것이 유행이다. 그런데 무엇보다도 보리줄기로 만든 빨대를 꽂고 마셔대는, 아이스커피를 모르고서는 '진산이'라 할 수 없다.

부모 잘 만난 탓에 일은 설렁설렁하고 백주 대낮부터 찻집을 쏘다니는 한량이지만 오 아무개는 한자 정도는 읽을 수 있는 교육을 받았나 보다. 옆자리에 놓여진 오늘 자 동아일보를 펴 본다. 그리고 '國際委員會에서 체코新國境決定'이란 기사를 읽는다. 체코의 수데텐지방Sudetenland을 독일에게 할양하는 데 있어서 사 국이 협정을 맺었다는 내용이었다. 사국四國은 영(영국), 불(프랑스), 이伊(이태리)의 삼국과 독일이었다. 왜 당사국인 체코는 협정국에 없는지 고민하다가 몇 초 뒤 신문을 접어 뒤 켠으로 던지면서 미국도 없다는 혼잣말을 해 본다.

옷을 잘 입고 스타일을 멋지게 꾸미는 자들

1932년 신동아 5월호에 게재된 방인근 작가의 장편소설 《모뽀모껄》의 주요 내용은 이렇다.

'모던보이 M은 시골에 있는 아내가 보기 싫어 결혼한 이후 다섯 해 동안이나 한 번도 집에 가보지 않았다. 그러던 중 아내가 친정으로 갔다는 소식을 듣고, M은 친구 R에게 부탁하여 젊은 여학생을 소개받는다. 곧 M은 진고개 어느 조용한 식당에서 여학생 H를 만나는데, 그녀의 짧은 치마, 비단 양말, 핸드백, 칠피구두, 전기로 지진 곱슬거리는 트레

머리에 반해 결혼하게 된다.

그런데 첫날밤에 H가 난데없이 쪽진 머리와 무명옷 차림으로 M에게 자신의 정체를 고백한다. 사실 그녀는 M의 예전 아내였던 것이다. 남편이 여학생을 좋아한다는 소문을 듣고 서울로 와서 4년 동안 공부를 한 뒤, R 내외의 도움을 받아 연극을 꾸민 것이다.'

당시 경성의 모던 보이와 모던 걸들에게 '화장법과 의복 스타일'은 정체성을 결정짓는 매우 중요한 요소였다. 왜냐하면 똑같은 육신과 외모라도 '무엇을 입고 말하고 행동하느냐에 따라 완전히 다른 사람으로 변신할 수 있다'는 것을 깨달았던 시절이었기 때문이었다.

그래서 모던 걸들은 탐스럽고 부드러운 여우 목도리를 두르고, 모던 뽀이들은 멋진 신사의 징표라도 되는 듯한 스틱(지팡이)을 짚고 당시 최고의 번화가였던 진고개를 활보했다.

이들 선남선녀는 개성이 근대적 개인의 정체성을 규정한다는 것을 알고 있었기에, 옷차림과 장신구, 머리 스타일의 차이에 유난히 신경을 썼다. 스타일이 존재의 차이를 만든다는 패션 강령이 이미 90여 년 전 이 땅에서 유효했다는 이야기다. 달리 말하자면, 옛것에 대한 명예를 지키고 그것을 전승하기 위해 선조들을 모방한 것이 '관습의 시대'였다면 새로운 것에 대한 숭배와 외국 제품에 대한 모방은 '패션의 시대'였다.

식민지 시대 경성에서 유행은 삶의 풍속으로 자리 잡기 시작한다. 유행의 변화는 옷차림의 변화만이 아니라 그것을 지향하는 의식과 생활의 변화를 의미한다. 남과는 다른 것을 착용함으로써 자신이 구태에서 벗어난 존재임을 과시하는 행동양식이 바로 그 변화였다. 이는 '다름'의 선포이자 실천이었다.

이를 《구별 짓기》의 저자 부르디외가 창안한 '아비투스Habitus' 개념에 빗대자면, 이들의 패션 취향은 결국 '국내 최초의 근대 시민 계급'의 취향, 가치관, 생활양식, 사고방식과 태도를 정립시켰던 것이 아닌가 싶기도 하다.

정신적 근대가 결여된 자들

과연 그럴까? 《모던 걸, 여우 목도리를 버려라》의 저자 김주리는 1930년대 모던뽀이와 모던걸이라는 기형적인 존재의 정체성을 "찢어지게 가난한 문화 속에서 생겨난 사치스럽고 허영에 들뜬 부패한 부류"라고 해석한다.

그렇다. 서구 근대의 태동은 '자유'와 '개인'을 천명했던 계몽주의와 더불어, 부르주아 시민 계급이 앙시앙 레짐 세력과의 권력 쟁탈전에서 승리를 하면서 시작된 것이지 멋부림와 탁월해서 이룬 것이 아니지 않았던가.

일제 식민지 시절 그들의 군국주의에는 아랑곳하지 않고

그저 서구 근대 자본이 만들어낸 화려한 외피를 두르고 물질을 추종하던 부류들을 근대화된 신인류로 인정하기는 어렵다고 본다.

겉모습의 함정에서 벗어나기

루쉰의 아Q와 경성의 모던 보이, 모던 걸이 살았던 시대와 공간은 달랐지만 공통점을 찾을 수 있다. 바로 현실과 이상 사이의 괴리를 겉모습으로 메우려고 했다는 점이다. 아Q는 정신 승리로, 모던 보이와 모던 걸들은 화려한 스타일링으로 말이다.

아Q의 정신 승리가 중국의 근대화 실패를 상징했듯이, 식민지 경성의 모던 문화 역시 진정한 근대 시민의식 없이 외형만을 추구한 허상을 적나라하게 보여준다. 둘 다 본질적 변화보다는 표면적 변화에 만족했고, 진정한 자각보다는 자기기만에 빠져 있었다.

조심스럽게 한 마디 더 하자면, 해방 이후부터 현재까지 둘러볼 때 우리가 언제 정신적 근대화를 이뤘는지 모르겠다. 우리 콘텐츠 몇 개가 해외에서 탁월한 상업적 성공을 거두었다고 해서, 대한민국 경제 규모가 세계 10위권에 진입했다고 해서 '개인의 자율성'과 '주체적 사고'가 근간인 시민의식까지 높아졌다고 볼 수 없기 때문이다.

김주리 작 《모던걸, 여우 목도리를 버려라》 표지

겉모습의 화려함에 현혹되어 본질을 놓치는 것, 이것이야말로 아Q의 정신 승리와 모던 보이·걸들의 허영이 오늘날 우리에게 던지는 경고가 아닐까.

서평을 남기는 이유

책을 쓰면서도 책 소개를 많이 했다. 그 이유가 있다. 책을 읽는다는 것은 단순히 정보를 흡수하는 행위가 아닌 까닭이다. 독서는 저자와의 대화이며, 시대와의 소통이고, 나 자신과의 만남이다. 복잡하고 혼란스러운 현실을 이해하는 나름의 틀을 만들어 가는 과정이다. 그리고 서평을 쓴다는 것은 그 만남의 흔적을 남기는 일이다. 때로는 동의하고, 때로는 반박하며, 때로는 새로운 의문을 품으면서 말이다. 다음 세 권의 책과 나눈 대화를 통해 현대 사회의 복잡한 단면들을 들여다 보고자 한다.

허상을 좇는 사람들

뉴스를 접하다 보면 어떤 분야의 최고 셀럽이 한 순간 국민 빌런으로 전락하는 모습을 자주 목격한다. 세상 앞에 발가벗겨지고 난도질을 당하는 결과와 함께 말이다. 명성은 가졌으나 선의와 도덕성의 위대함이 없었던, 그저 유명인에 불과한 존재였기에 그랬을까. 바꿔 말하자면 진짜보다는 가짜의 허상에 눈 멀었던 군중들이 실제의 모습을 확인하자 그 배신감이 폭발해서 생긴 현상이 아닌가 말이다.

프랑스의 (사회)철학자 장 보드리야르는 '실제로는 존재하지 않는 대상을 존재하는 것처럼 만드는 과정이 넘쳐나면서, 실체를 모방하는 단계가 아예 사라져버린 상황'을 시뮬라시옹이라 했다. 그리고 그 결과물을 시뮬라크르Simulacres라 불렀는데 가짜들은 원본의 복사물이 아니라 그것을 압도하는 권능과 의미를 가진다고 말한다. 쉽게 말해서 이제는 원본의 의미가 필요 없는 시대가 되었다는 거다.

그는 1980년대 초반 그의 저서 《시뮬라시옹》에서 이야기한다. "스타는 트랜드마크로써 일종의 환상일 뿐 가치관이나 확실한 사실과는 무관한 공허한 기호에 지나지 않는다" 결국 미디어가 지배하는 대중 소비사회에서 사람들은 리얼보다 환상 같은 기호를 소비한다는 말이다.

그런데 그보다 먼저 20년 일찍 가짜 이미지와 사건에 대해 경고를 한 학자가 있었다. 하버드와 예일에서 법학을 공

겨우 얻은 중고본

부하고, 시카고 대학에서 25년간 미국사를 강의한 대니얼 부어스틴 교수이다. 그는 1962년에 출간한 저서 《이미지와 환상》에서 진짜 현실을 압도하여 사람들이 더 따르고 믿고 있다는 가짜 이미지와 사건 같은, 미국적 사회 병리 현상을 적나라하게 까발리고 비판했다.

최근 우리사회의 문제로 등장한 가짜뉴스 그리고 스타와

영웅들의 조작된 이미지가 이미 60년 전 미국사회에 만연했음을 알 수 있다. 이 책은 2002년도에 이르러서야 국내에 번역, 출간되었는데 현재 절판되어서 간신히 중고본을 입수할 수 있었다.

사람들은 왜 실제보다 허상과 기호를 좇게 되었을까 무척 궁금했다. 그런데 책 어딘가에 이런 내용이 있었다. 대략 '우리는 집에서 편안함과 오락을 동시에 누리길 원하고, 짧은 휴가로도 특별한 경험을 저렴하게 하길 바라며, 부유하면서도 베풀고, 적당한 노력으로 뛰어난 성과를 얻길 원한다. 많이 먹으면서도 건강하고, 바쁘게 살면서도 인간관계가 돈독하길 바란다.'라는 내용이었다.

이처럼 우리는 현실에서 이루어질 수 없는 모순적 욕망을 꿈꾸며 살며, 그것이 마치 현실로 나타난 것 같은 이미지와 환상에 위안을 받으며 산다.

책에는 1962년 출간된 해의 서문과 25년 후인 1987년에 쓴 서문이 실려있다. 그 내용 중에 이 책이 여러 나라에서 번역되었는데 일본의 경우만 해도 그 종류가 여러 가지였다고 자랑스럽게 말하는 대목이 있다. 바꿔 말하자면, 책이 번역된 국가들, 특히 여러 번역본이 나온 일본 역시 60년대 미국처럼 대중 소비문화가 만들어 낸 가짜 이미지와 환상에 시달리고 있음을 방증하는 것이다. 그리고 우리에게는 이제야 그 욕망의 환상이 가공할만한 형태와 모습으로 현현한 것이고 말이다.

원본보다 가공된 이미지의 허상을 비판했다는 점에서 대니얼 부어스틴과 장 보들리야르의 관점은 유사하다. 그래서 둘 간에 어떤 접점이 있었는지가 궁금했다. 더 나아가 미디어 학자 마샬 맥루한 역시 이들과 어떤 교류가 있었을까 하는 호기심까지 생겼다.

만약 있었다면 그들이 한 자리에 모여 대중 소비문화, 기호의 소비 그리고 미디어의 환상이 배태한 사회적 문제를 심각하게 논의하지 않았을까.

사람은 어떻게 문명화 되는가

해외뉴스를 접하다 보면 영국에서 누구에게 기사 작위를 주었느니 하는 기사를 종종 보게 된다. 이미 오래전 팝의 전설 폴 매카트니는 기사knight 작위를 받았으며 뮤지컬 작곡자 앤드루 로이드 웨버 역시 남작baron 작위를 받았다

그런데 굳이 계급을 따지자면 매카트니는 로이드 웨버의 아래가 된다. 영국의 기사 작위는 왕족만 받을 수 있는 공작, 그다음으로 후작, 백작, 자작, 남작, 준남작, 기사의 서열을 가져서다. 참 짜고 박하다. 이왕 줄거라면 통 크게 후작, 백작 정도 날려야지. 끄트머리의 기사가 뭐냐 말이다.

세계적인 인물에게도 겨우 기사 작위 하나 얹혀주니 기사

의 세계가 정말 엄청날 것으로 보이지만 과거로 회귀하여 그들의 실상을 엿보면 자기 자신에 대한 규율과 타인에 대한 배려 즉 공동체적 매너가 정말로 결여된 집단이었다. 이를 연구한 학자가 '문명화 과정'이란 걸작을 남긴 노르베르트 엘리아스다.

이 책은 오늘날 우리가 당연하게 받아들이는 사회적 예절, 매너, 에티켓이 어떤 과정을 통해 형성되어왔는가를 추적한다. 그래서 근세 서구의 궁정에서 형성된 매너가 19세기까지 서구 사회 전체로 전파된 과정을 상세히 기술하고 그에 관한 역사 사회학적 견해를 밝힌다.

알다시피 서구 중세의 봉건 제도가 붕괴되고 근세로 넘어오면서 절대왕정의 시대가 찾아왔다. 당연히 남겨진 기사들은 새로운 권력인 궁정의 문화에 길들여지기 시작했다. 교양이라고는 1도 없는, 자신의 감정과 열정을 멋대로 발산할 수 있었던 기사계급이 '자기통제'와 '타인의 배려'라는 덕목을 깨달으면서 과거 남에게 불쾌함을 주었던 행위에 대해 수치심을 느꼈다는 말이다. 거기에는 오늘날 매너라 부르는 사회적 행동 규범의 근본인 '시빌리테 civilite'가 있었다.

엘리아스는 과거 중세에서 근세로의 이행을 시빌리테의 습득 다시 말해서 '문명화 과정'이라 주장했다. 결국 문명화란 창피함을 아는 정서이자 본능을 억제할 줄 아는 이성이기도 하다.

문명화된 인간은 교양을 가진다. 교양은 개인의 지식과 교육 수준, 문화적 배경과 예절 등을 종합적으로 나타내는 개념이다. 따라서 교양 있는 개인은 나름의 문화 자본을 가진 사람을 말한다. 이 문화 자본은 금력을 뜻하는 경제 자본과 인맥과 네트워크 같은 사회적 자본과 마찬가지로 막강한 힘을 발휘하는데 다른 두 자본과 달리 한 인간과 평생을 같이 한다. 주로 유년기와 청년기 때에 형성되어 한 인간의 영구적인 성향과 사고방식으로 고착되는 아비투스처럼 그 사람의 사유와 취향을 지배하기 때문이다.

그런데 매너와 교양 즉 문화 자본은 그저 한 개인의 속성을 나타내는 지표로 끝나지 않는다. 집단에서 구별 짓기를 위한 잣대로 쓰인다는 점이다. 영화 '기생충'에서 냄새가 계급을 구분 짓는 암시였듯이 음식, 음악, 취미 등의 기호 역시 계급을 나누는 기호로써 작용한다. 즉 뭘 입고, 바르고, 쓰고, 먹느냐가 신경 쓰이게 되었다.

그래서 매너는 가능하면 모두가 인정하는 상식적인 것에 맞춰야 하며 취향과 기호는 소비지향적 유행을 좇거나 남들의 시선을 의식하는 것이 아닌, 오롯이 나만의 세계에서 생성해야 한다. 무척 어렵겠지만 말이다.

거꾸로 흐르는 시간

"20살에 사회주의자가 아닌 사람은 심장이 없는 것이고 40살에 여전히 사회주의자인 사람은 머리가 없는 것이다"라는 '칼 포퍼'가 남겼다고 여겨지는 이 말에 흔들리는 나이가 된 지 오래다.

세상물정 몰랐던 시절에는 약자의 편에 서서 정의와 이상을 부르짖던 구호와 행동이 마치 세상을 바꿔줄 것 같았다. 그래서 비록 침묵하는 다수의 자리에 머물렀던 나였지만 그들을 응원했으며 가슴 한 구석에 늘 부채의식을 가지고 있었다.

지금 역시도 당시 가졌던 생각에는 변함이 없다. 다만 바뀐 것이 있다면 '어떻게 하면 이로운 세상이 될 수 있을까'를 고민할 때 이제는 더 이상 시비是非의 잣대가 유효하지 않다고 생각할 뿐이다. 강자든 약자든 간에 대부분의 인간들은 지극히 감성적이고 세속적인 이해利害 관계의 그물 속에서 벗어난 적이 없었다는 것을 깨달았기 때문일까? 그래서 이 책의 서문과 목차에 드러난, 현대 사회의 네 가지 위기(가치, 민주주의, 자본주의, 테크놀로지)와 그것들의 근저를 이루는 표상의 위기라는 설정을 접했을 때 그다지 신선한 충격을 받지 못했다.

어쨌든 현대 철학자인 저자 마르쿠스 가브리엘 교수는 현대 사회가 가진 이 다섯 손가락의 지문을 그의 '신실재론'이

탑재된 분광기로 해독을 하는데, 민주주의의 위기에선 다양성과 포용의 패러독스를, 자본주의의 위기에선 심각해지는 빈부격차 등 악의 잠재성을, 표상의 위기에선 이미지가 진실을 덮어 은폐하는 현실 같은 문제점들을 하나하나 짚어 나간다.

그는 세상이 실상을 은폐시킨 '의태擬態'로 범벅이 되었다고 분석한다. 예를 들어, 미국 맨해튼 스카이 라인을 연상케 하는 중국 상하이 푸동의 거대 빌딩 숲. 서구 자본주의의 화려한 외연은 따르나, 본질적 내면에는 오히려 마우쩌둥 사상을 이은듯한 시진핑 스타일의 전제주의 정치가 자리한다. 또한 미국 캘리포니아의 테크노 밸리 생태계 역시 IT 천재 백인들만 보이는 의태라고 한다. 그 거대 왕국을 형성하는데 있어서 사실상 다른 인종과 다수의 공로가 있었음에도 불구하고 말이다.

그래서 진실이 닫히고 진짜와 가짜의 경계가 모호해진 세상을 바로잡기 위해서는 현실에서 언제나 일어나는 '의미장Seinfeld'에서 '무엇이 옳은가'를 인식하고 밝혀내야 한다는 것이다. 이를 위해서는 탈진실, 포퓰리즘이 판치는 현 세태를 설명하고 방향을 제시하는 새로운 철학이 요구되는데 그것이 바로 자신의 이론 '신실재론Neo Realism'이라는 것이다.

현대 철학계의 루키가 바로 39세의 젊은 철학자 마르쿠스 가브리엘이라는 말이 나올 법하다. 다만, 의미장의 개념은 아주 새로운 관념이라 하는데, 과거 소쉬르 등의 언어 철학에서 이야기한 랑그와 파롤 그리고 시니피앙과 시니피에의 유사 개념 같게 느껴져 흥미가 식는다.

이런 나에게 철학은 물론 사회과학에 정통한 절친이 한마디 한다. 현상학phenomenology과 존재론Ontology에 대한 기본은 물론 좀 더 깊은 지식이 갖춰지지 않은 상태라면 가브리엘의 진의를 파악하기 힘들다고 한다. 마치 와인 지식에 있어서 프랑스 보르도와 브르고뉴의 지역의 생태와 품종 차이에 대한 이해 없이는, 극찬 받는 프리미엄 와인을 마셔 봤자 별 감흥을 느끼지 못한다는 말일 것이다. 일리가 있다. 라틴어를 모르면 성경을 읽지 말라는 중세 현인들의 고답적인 조언 같아서 씁쓸한 마음은 남지만 말이다.

다시 책으로 돌아와, 6장 〈테크놀로지의 위기〉부터는 더욱 실감 나게 다가온다. 저자는 "자연과학의 대상이 아닌 것은 존재하지 않는다"라는 자연주의적 오만에 대해 숙고의 반론을 제시한다. 자연주의자들이 '자연과학이 인정하는 대상만이 진정한 존재'라는 사고방식에 갇혀 상식, 문학, 정치학, 감각 같은 인간 경험을 허상으로 치부한다는 점을 비판하는 것이다.

또한 그는 자연과학이 윤리를 부정하는 데 큰 문제가 있다고 지적한다. 자연과학의 방법론으로는 가치 판단을 설명할 수 없기에, 윤리적 규범 자체를 무시한다는 것이다. 예를

여러 권의 책을 함께 읽는다

들어 "살인을 해서는 안 된다"라는 행동 규범은 인간 사회에 반드시 필요하다. 사람이 실제로 살인을 저지르기도 하기에 이를 금지하는 규범이 성립하는데, 자연과학자에게는 오직 "살인하는 인간도 있고, 하지 않는 인간도 있다"는 단순한 구분만 존재한다. 마르쿠스는 또 다른 저서 《나는 뇌가 아니다》에서도 '인간 정신이란 40헤르츠(Hz) 진동수 구역의 동기화된 뉴런의 점화일 뿐'이라는 신경중심주의자들의 주장을 비판한다. 신경중심주의자들은 감정을 단순히 호르몬 작용으로, 인간의 의식을 두개골 속 뉴런 활동으로만 환원하지만, 마르쿠스는 이러한 시각에 대해 엄중한 경고와 반격을 시도한다.

《왜 세계사의 시간은 거꾸로 흐르는가》는 많은 이들이 읽었으면 하는 바램을 갖게 만드는 책이다. 글로벌 위기 인식에 동참하고자 하는 이들에게도, 과학적 진보주의를 인정하나 우리의 감정이 적잖게 녹아 있는 사고 그리고 가치에 대한 생각과 판단이 모두 뇌 안의 뉴런이 별 뜻 없이 벌인 일만은 아니라고 믿는 이들에게도 말이다.

마르쿠스만 신경중심주의에 맞서 싸우는 것은 아니다. 《뇌과학의 함정》의 저자이자 철학자, 인지과학자 그리고 신경과학자인 알바 노에 박사 역시 '인식은 인간이 수동적으로 외부 자극에 신경계가 반응해서 나타나는 게 아니라, 외부 세계와 능동적으로 결합하면서 생겨난다'고 주장한다. 예를 들어, 프랑스어로는 숫자 90을 네 개의 20에 10을 더했다는 뜻의 '카트르뱅디스'라고 표현하고 영어로는 9개의 10이라는 뜻의 '나인티'라고 표현한다. 같은 숫자라도 문화적·언어적 환경 차이에 따라 인식의 방식이 다른 것이다. 지은이는 이런 환경의 차이가 사람의 인지와 계산 능력에도 영향을 끼친다고 주장한다. 동양인이 산술 능력에서 뛰어난 이유가 여기에 있다는 것이다.

지은이는 신경과학자들이 뇌를 이해하면 인간이란 무엇이고, 어떻게 생각하고 행동하는지를 밝혀낼 수 있다고 믿는 '나는 나의 뇌다'라는 지극히 단순화된 '환원주의'에 빠져 있다고 비판했다.

마르쿠스 가브리엘의 《왜 세계사의 시간은 거꾸로 흐르는가》, 노르베르트 엘리아스의 《문명화 과정》, 다니엘 부어스틴의 《이미지와 환상》은 모두 현대 사회의 위기를 진단하며 인간의 인식과 사회 구조의 변화를 분석한다. 세 저자는 각각 철학, 사회학, 미디어 비평의 관점에서 현실이 어떻게 왜곡되고, 개인이 어떻게 제도와 이미지에 의해 규정되는지를 탐구한다. 이들은 공통적으로 인간의 자기통제, 보편적 가치, 진실에 대한 감수성이 약화되고 있다는 점을 지적하며, 과거로의 회귀나 환상에 대한 집착이 민주주의와 공동체를 위협한다고 본다.

오늘날 우리는 기술과 미디어의 발달 속에서 진짜보다 더 진짜 같은 가짜를 소비하며, 자율성과 윤리적 판단력을 상실해가고 있다. 이 세 책은 우리가 현실을 재구성하고, 인간다움과 공동체적 책임을 회복하기 위한 철학적 성찰을 촉구하는 것이다.

절벽마을의 도시재생

〈'90 창신동 그리고〉라는 노래가 있다. 1991년 동명의 앨범에 수록된 곡이며, 이윤수라는 가수가 불렀다. 이 노래는 거의 알려지지 않았으며 오히려 〈먼지가 되어〉가 대박 히트를 쳤다. 나 역시 이 앨범을 갖고 있었지만 정작 이 노래는 거의 듣지 않았다. 마찬가지로 창신동이란 이름은 알고 있었지만 단 한 번도 그곳에 가 본 적이 없었다. 같은 서울 하늘 아래 살면서도 말이다.

사람들은 창신동을 '절벽마을' 또는 '돌산마을'이라 부른다. 채석장이 있던 곳이라 여기저기의 절개지가 마치 절벽을 이룬 것처럼 보이기 때문이다. 심지어 그 절벽 위 또는 아래에 사람 사는 마을이 있다. 그 높고 가파른 곳을 매일 오르락내리락해야 하는 사람들, 아슬아슬한 지형을 위아래로 두고 잠을 청해야 하는 사람들. 반면에 도심을 환히 내려볼 수 있는 최고의 조망을 늘 끼고 사는 사람들의 심정은 각양각색일 것이다.

그런데 하필이면 왜 수많은 동네를 제쳐두고 창신동의 산을 깎아냈을까? 품질 좋은 화강암이 있는 데다가 서울 4대문 가까이 위치해서 그렇다고 한다. 그 돌로 서울역, 서울시청, 한국은행의 건물을 지었다고 하니 말이다.

그런데 이것도 벌써 100년 전 이야기다. 해방 후 80년대까지도 채석장은 유지되었지만 그 당시 창신동은 봉제공장의 메카로 군림했다. 바로 코 아래에 광희시장이 있기 때문이었을 것이다. 어찌 되었든 새천년이 오기 전 대한민국 서울의 발전 과정에서 창신동은 토건과 경공업 분야의 일익을 담당한 것이다.

그러다 창신동은 뉴타운 개발 열풍이 불던 2000년대에 들어서 사람들 입에 오르내리기 시작했고, 2007년에 뉴타운 대상 지역으로 선정되었다. 그러나 주민들은 반대했다. 개발이 되었을 때 자신들이 그곳에 입주할 수 있다는 보장이 없었기 때문이다. 그래서 창신동의 뉴타운은 무산되었다. 그 후에 대안으로 나온 것이 이른바 '도시재생사업'이었다. 2014년부터 최근까지 약 1천억 대의 예산이 투입되었다.

도시재생의 문법은 이렇다. 거주지는 보존한다. 그러나 환경은 개선하고 거리도 멋지게 가꾼다. 이렇게 아젠다가 서면 도로 정비, 지정 주차장, 주민교육 시설, 공원, 놀이터, 도서

돌산마을의 모습

관, 지역 공작소, 공동운영조합 등 구체적인 재생사업의 인프라가 뒤따른다. 창신동의 도시재생도 그렇게 실현되었다. 곧 영화, 드라마의 촬영지로 각광을 받게 되었고 팬들이 찾아들자 기념관, 전망대, 조망점, 역사관, 거리 박물관, 카페 등도 하나둘 생겨났다.

그러나 결과적으로는 실패한 도시재생으로 마무리 되었다. 그곳의 터줏대감인 주민들의 실제 생활 환경이 나아지지 않았기 때문이었다. 좁은 데다가 가파른 급경사를 이룬 골목길이야말로 일상을 늘 힘들게 했던 존재였는데, 거주지 원형을 보호하느라 편의의 개선은 잊혀지고 무시되었던 것이다.

반면 구경꾼들에게는 이만한 경관이 없다. 마치 수십 년 동안 시곗바늘이 멈춘 듯, 옛날 서울 변두리 골목의 정취가 그대로 보존되어 있기 때문이다. 심지어 창신동 꼭대기에 올라가면 서울 시내를 한눈에 조망할 수 있는, 멋들어진 경관을 가진 루프탑 카페가 기다리고 있으니 말이다.

그래서 이곳에는 차가 없어도 마을버스를 이용하거나 거의 등반 수준으로 걸어서 올라온 트렌드 세터들의 발길이 끊이지 않는다. 오래 거주해 온 원주민들의 일상이 행복해짐과 동시에 근대의 문명이 각인된, 창신동 고유의 모습을 보존할 수 있는 좋은 해법이 나왔으면 좋겠다. 그래야 가끔 루프탑에 올라 커피 한 잔을 탐하는 나 같은 유객遊客이 덜 미안할 것 같다.

창신동 꼭대기에 위치한 카페에서 바라본 서울 시내

창신동 꼭대기에서 바라본 서울 전경

청와대의 인테리어와
가구는 짬뽕

　1981년 5월 5일. 500명의 국민학교 6학년생들이 모였다. 각 학교에서 '착한 어린이'로 선발된 아이들이었다. 우리들은 이날 청와대에 초청되었다.

　청와대는 무척 넓었다. 커다란 두 개의 산이 병풍이 되었고 푸른 잔디는 양탄자였다. 그리고 눈에 띄는 것이 있었다. 야구장이었다. 모래 바람 날리는 운동장에서 물로 다이아몬드를 그리던 아이들의 눈에 푸른 잔디와 헝겊으로 만들어진 두툼한 오리지날 루베이스는 감동 그 자체였다.

　우리는 영화에서나 봤었던 가든 파티 뷔페를 즐겼고 덕분인지 꼬마 아이들이었지만 어쩐지 대단한 사람이 된 기분이들었다. 그리고 검은 양복을 입은 자들의 호위 속에서 다정한 인상을 품은 부부가 등장했다. 우리가 아무리 어려도 6학년인데 그가 이 나라의 통치자란 것을 모를 리 없었다.

500명 모두와 일일이 악수를 하고 난 후 선물 꾸러미도 선사했다. 녹회색 몸통에 검은색 손잡이가 달린 중학생용 책가방이었다.

이후 나는 수년이 지나서야 정말로 선행을 한 적이 없었음에도 학교의 대표로 참석했었다는 것을, 그 해 바로 1년 전 광주에서 일어났던 일의 중심 인물이 우리와 악수했었던 그였다는 사실을 알게 되었다. 선물로 받았던 책가방은 사라진 시점이었다. 교복자율화 시대였기 때문이었다.

이후 무려 41년 만에 청와대를 찾았다. 그 야구장이 있었던 곳이 녹지원이었고 지금은 야구장이 없다. 그리고 현재의 본관은 그때 없었던 건물이란다. 1991년 조성된 곳이자 과거 대통령들의 집무실이 있었던 구관은 YS 집권 초기 조선총독부 건물과 함께 부셨다고 한다.

혹시나 해서 네이버 뉴스 라이브러리를 검색해보니, 어라? '착한 어린이'가 아니라 '모범 어린이' 행사였으며 인원도 5백 명이 아니라 321명이었다. 가방 선물은 정확히 그대로였다.

다시 찾은 청와대 산책

청와대 인테리어와 가구는 동서양 스타일의 알맞은 혼용을 보여 주고 있을까? 청와대 본관은 북악산을 등지고 낙산과 인왕산을 양옆에 두며, 남산을 바라보는 자리에 위치한다. 그래서 사면이 산으로 꽉 막힌 첩첩산중처럼 답답해 보일 수 있다. 그러나 막상 본관 정문에서 주변을 둘러보면, 만개하여 우아하게 피어난 꽃의 암술머리에 앉은 듯 편하다. 그 암술머리의 밑씨와 씨방이 궁금하다. 인테리어와 가구 말이다. 가끔씩 미디어를 통해서 내부 모습이 스치듯 비추어지곤 했지만 말이다.

그런데 인테리어 interior가 있다면 당연히 익스테리어 exterior가 있는 법이다. 이 둘은 보통 하나의 건축 양식을 따른다. 외관만 봤을 때 청와대 관저가 채택한 건축 양식은 옛 궁궐이다. 그래서 서울에 남은 5대 궁궐 어디에서나 엿볼 수 있는, 살짝 올라간 처마선이 하늘을 가리키는 팔작지붕이 눈에 띈다. 그 위에 1백 년 이상은 족히 견딜 수 있는 내구력의 청기와가 얹혔다. 약 15만 장 정도의 기와를 하나씩 일일이 구워 냈다고 한다. 그리고 청와대 본관 지붕 처마에는 잡상이 1한 개 올려져 있다. 보통 9개 정도 올리는 것을 고려할 때 대통령 관저의 콘셉트를 황궁으로 잡았던 것인가 싶다. 아쉬운 점은 목조가 아닌 철골과 신소재 그리고 콘크리트로 만들어졌다는 것이다. 큰 규모를 물리적으로 감당할 수 없을

우물천장과 샹들리에가 돋보이는 입구 계단

것으로 판단했기 때문이란다.

  이제 내부를 감상할 차례다. 청와대 본관의 관람은 1층 우측의 충무실, 인왕실을 거쳐 중앙의 계단으로 올라가 2층의 대통령 집무실과 접견실 그리고 다시 중앙 계단으로 내려오면서 우측 가까이의 영부인 집무실인 무궁화실을 보고 나오는 순으로 진행된다. 그리고 바닥 보호를 위해 중앙에서 덧신을 신어야 하며 붉은 차단선으로 이어진 동선 내에서만 관람이 가능하다. 조금 아쉽지만 많은 이들이 오랫동안 관람하기 위한 조치이니 어쩔 수 없다.

대통령 집무실의 내부 모습

　입구에 들어서자 마자 그 웅장함과 화려함에 입이 떡 벌어진다. 마치 호위무사를 연상하는 듯한 각 세 개의 수직의 기둥 사이에 양손을 벌린 듯한 자태의 계단이 놓여있다. 그리고 천장에는 족히 100개가 넘는 우물 정#자가 오열을 맞춘 듯한 우물천장이 있는데, 그 가운데에는 엄청난 크기의 샹들리에가 위치한다.
　1층 충무실은 한옥의 창호 문살과 우리 고유의 매듭장인 방장과 유소가 돋보인 덕에 그 넓은 공간이 화려하지 않아도 잘 정돈된 모습을 갖췄다. 반면 인왕실의 경우, 밀크 화이트 벽면 위에 웨인스코팅 격자와 금칠분이 촛대 모양의 샹들리에와 함께 어울려진, 전형적인 17세기 프랑스 궁전 혹은 살롱의 내부와 흡사했다. 아무래도 외국 정상 방한 시 공동 기자 회견 장소로 쓰이는 목적을 지녀서다. 아쉽게도 개방된 두 곳에는 고정 자리를 차지하는 가구가 없었다.

2층 대통령 집무실의 내부는 한옥 특징을 고스란히 따랐는데 회의용 탁자와 의자를 비롯하여 대통령 전용 데스크와 책장 모두 앤티크 스타일이다. 그런데 크게 부조화로 보이지 않았다. 내부의 천장, 창문, 방문의 틀을 이루고 있는 우드톤과 가구의 결이 유사한 까닭이다. 혼종 스타일의 좋은 사례라고 본다.

대통령 데스크를 얼핏 보면 영락없는 회장실 오피스 책상이다. 그런데 전반적인 구조와 디자인 그러니까 장르를 추적해 본다면 19세기 초반 나폴레옹 시절의 임페리얼 양식에 가깝다. 그리스와 로마 문양을 주로 차용하고 화려함보다는 묵직하고 강건한 느낌을 강조하는 것이 이 스타일의 정체성이다.

그런데 바로 옆 방인 접견실의 의자들은 일부 고딕 양식을 제외하고는 매우 독특하고 신선하다. 우리 전통 양식이 자연스럽게 매칭되었기 때문이다. 조선 초기만 해도 입식과 좌식은 혼용되었으나 조선 중기 이후로 좌식 문화가 의식주를 지배했다. 그 때문에 가구 역시 입식이 존재할 수 없었다.

금색의 손잡이와 벽 조명

　다시 말해서 청와대에 차마 좌식 의자와 책상을 갖다 놓을 수 없었을 것이란 말이다. 하지만 구조는 입식이되 디자인은 충분히 우리 고유의 전통 양식을 잘 융합시킬 수 있었을 것이다. 마음만 먹었다면 대한제국 시절부터 말이다.

　마지막으로 관람한 방은 영부인이 사용하는 무궁화실이다. 예상대로 우아한 여성성이 돋보이는 인테리어와 가구로 꾸며져 있었다. 접견실의 소파는 살짝 중국 옛 가구를 닮은 듯하면서도 독자적인 스타일을 가졌다. 특히 옅은 푸른 빛의 패브릭 색상이 매력적이다. 접견실 한 벽에는 경무대 시절의 프란체스카 여사부터 청와대를 지켰던 11분의 사진이 걸려 있었다. 눈의 시선이 왼쪽 상단에서 우측 하단 끝까지 이동하는 그 짧은 몇 초 사이에 가슴 한 켠이 잠시 먹먹해졌다.

본관 관람은 이렇게 막을 내린다. 전체적으로 이곳에는 사방팔방 샹들리에가 넘친다. 작은 벽 조명은 말할 것도 없다. 샹들리에라고 부르긴 하나 디자인 형태는 궁궐 지붕을 받쳐주는 포包에서 따왔고 벽 조명은 신라 시대의 금관이 연상된다. 또한 손잡이는 물론이거니와 전기 콘센트 케이스조차 금칠로 도배되어 있다. 화려한 색조 화장과 다소 노출이 있는 의상은 부담이 되니 금은보석으로 만들어진 귀걸이와 목걸이라도 걸치고 싶은 세속의 여인네 심정인가 아니면 화려하고 싶으나 차마 그럴 순 없는 권위적 왕실의 체면치레인가.

자유민주주의를 지향하는 공화정의 나라 대한민국에는 더 이상 국부가 없으며 국모 또한 없다. 당연히 왕실 또는 황실이 존재할 수 없으며 강한 권력욕보다는 부드러운 권위와 애민 사상을 갖춘 지도자가 필요하다. 그리고 그런 사람과 관계인이 편하고 효과적으로 일할 수 있는 공간이 필요하다. 그런 점에서 청와대의 장소성은 정치적 진영 논리를 떠나 부적합했었다고 생각한다.

어쨌든 소임을 끝냈으니 우리 근현대의 유산으로 남아 더욱 많은 이들이 보고 공감할 수 있는 장소로 남기를 바란다. 광화문 광장에 동상으로 남은 이순신 장군과 세종대왕이 군주제 시절의 인물임에도 자랑스럽고 존경스런 우리의 역사적 위인이듯 말이다.

술에 얽힌 세계관을 읽는 법

　인간이 300만 년의 수렵채취 생활과 결별하고 농경사회로 정착한 이유를 술(알코올) 때문이라고 주장하는 학자가 있다. 미국의 분자고고학자 패트릭 맥거번 교수가 그렇다. 술에 취했을 때의 몽롱함과 나릇한 기분에 인류가 감탄했기 때문이란다. 실제로 세계 4대 문명 발생지보다 5천 년이나 앞선 튀르키예의 괴베클리 테페 유적에서는 부피 160리터의 커다란 돌그릇에서 옥살산염이라고 하는 밀 발효 시 생기는 물질이 검출되었다.

　물론 선사 시대의 술 제조 흔적을 발견했다고 하여 초기 인류를 정착시킨 농업혁명의 이유가 술 때문이라고 단정할 수는 없다. 하지만 우연히 생겨날 수 있는 과실주와 달리 인간이 직접 개입해야 가능한 곡물의 당화, 발효가 그 시대에 이루어졌던 것으로 미루어 보아, 술은 단순한 기호품이 아닌 여러모로 소중했던 생활 양식이자 제사에 놓이던 '신의 음료'였을 것으로 비친다.

또한 1,200만 년 전 지구의 급격한 건조화로 숲과 열매가 감소했는데 당시 인류의 조상 중 알코올 분해 능력 돌연변이 유전자를 가진 개체만이 크게 취하는 일 없이 영양을 얻을 수 있게 되어서 살아남을 수 있었다는 말도 있다. 이처럼 술은 허구적인 상상력과 경외로운 신비감이 뒤섞인 전설과 신화의 창조물이면서 검증 가능한 설명과 체계적인 논리가 바탕이 된 과학의 산물이기도 하다.

팽이가 돌기 위해서는 실이 필요하다

스카치위스키가 담긴 글라스에 한두 방울의 물을 떨어뜨린다. 미약할 것 같았던 한 방울의 물은 고요한 잔주름을 가진 동심원을 만든다. 이때 주문을 외운다. 이왕이면 스코틀랜드 국민 시인 로버트 번즈의 시로 말이다. "오 그대, 나의 뮤즈여! 오랜 좋은 친구인 스코틀랜드의 술이여! O thou, my muse! guid auld Scotch drink!" 그러자 마법이 벌어진다. 분자 사슬에 얽매여있던, 화사하고 낭만적인 위스키의 풍미가 피어올라서다.

애니메이션 〈코마다 위스키 패밀리〉에도 이런 동심원이 펼쳐지는데 그 원의 중심에는 가족주의가 오롯이 놓여있다. 그런데 그 결속력은 가업 계승 백 년 정도는 우습게 아는,

일본 시니세(노포) 문화의 근본인 '와(和, 분수에 맞는, 저마다의 알맞은 위치 지키기)'가 아니었다. 해체된 오너 가족의 유대감을 복원하고자 하는 절실한 심정과 증류소를 함께 지키고자 하는 구성원들의 강력한 의지가 결탁된 신뢰의 연대감이었다. 곧 영화의 증류소와 위스키는 '가족(구성원)의 유대감'이라는 메시지(씨니피에, signifié)를 위한 상징(씨니피앙, signifiant)으로 사용된 셈이다.

1시간 30분의 상영시간을 가진 이 영화는 지루할 틈이 없다. 실사가 아닌 애니메이션임에도 불구하고 일본 특유의 자연경관에 놓인, 작은 마을의 소박한 정취와 위스키 증류소의 풍경이 너무나 근사하게 화면을 채워주기 때문이다. 그리고 중간과 말미에 등장하는 주제가가 감미로운 멜로디와 호소가 깃든 보이스 역시 시각의 감흥과 맞먹는다. 무엇보다도 위스키를 다룬 영화인 만큼 증류소에서의 위스키 생산과정과 일본 위스키의 과거와 현재의 동향 관련 정보와 지식들이 극 전반에 포진되어 있다. 그래서 위스키 좀 안다는 이들은 물론 위스키 입문자들 모두에게 유익하다.

영화 관람 후 "'코마(팽이)'가 돌기 위해서는 '이토(실)'가 필요하다."라는 대사가 귓전에 맴맴 돈다. 전설의 위스키 '코마' 복원의 마지막 실마리이자 눈 시울을 붉어지게 만든, 영화의 핵심 주제이기도 해서다. 그건 그렇고, 일본은 어쩌다 위스키가 유명해지게 된 것일까?

일본 위스키의 전설들

현재 스코틀랜드에는 130개 이상의 싱글 몰트위스키 증류소가 있으며, 2016년도에 일본의 몰트위스키 증류소는 대기업(선토리, 니키 등)을 포함해 불과 9곳에 불과했다. 그런데 2024년 기준으로는 약 70곳 이상으로 늘어났다. 2016년부터 불어닥친 해외와 자국 내 재패니즈 위스키 열풍 탓이다. 이 열풍은 일본 위스키가 국제적인 품질 인정을 받으면서 시작되었다. 그래서 그 해를 기점으로 많은 수의 신생 위스키 증류소가 생겨나기 시작했는데 흥미로운 사실은 그중 많은 곳이 소츄(일본 소주)를 생산했던 곳이란 점이다. 이유로는 요즘 일본 젊은이들이 소주를 꺼려서라는 분석이 나온다.

영화 속 코마다 증류소가 재난과 더불어 위스키 수요가 급락하자 회사 유지를 위해 위스키 사업을 포기하고 소주 생산으로 전환하던 시절은 2016년 이전의 일이다. 이는 일본 위스키 산업이 침체기를 겪던 실제 상황을 반영한 것이다.

마찬가지로 영화 속 코마다 증류소는 일본 혼슈 도야마현에 있는 사브로마루 증류소를 모델로 만들었다. 궁금하여 해당 증류소 홈페이지에 들어가 이력을 훑어봤다. 60년 이상 된 위스키 생산 역사, 화재로 인한 시련, 위스키 수요 침체기, 노후화된 증류소 재건 그리고 5대째 오너인 이나가키 타카히코씨가 증류소 부활을 위해 '사부로마루 증류소 리노베이션 프로젝트'를 시작하고 자금 확보를 위해 크라우드 펀딩을 유치한 점이 비슷했다.

그리고 영화에 나오는 '토마 위스키'가 전설이 된 이유는 원주가 떨어져 과거에 팔렸던 것들만 존재하는데 그것들에 엄청난 하입HYPE이 붙기 시작하자 가격이 엄청나게 높아져서였다. 실제로 일본에 그런 전설의 크래프트 위스키들이 존재한다.

대표적인 것이 '한유 이치로 몰트 카드 시리즈Hanyu Ichiro's Malt Full Cards Series'이다. 경영난으로 폐업한 한유 증류소의 위스키 원액을 오너의 손자인 이치로씨(현재 치치부 증류소 오너)가 어렵사리 구입해서 새롭게 라벨을 만들어 팔기 시작했다. 1985년부터 2000년까지 위스키 54종에 트럼프 카드 라벨을 부착해 2005년부터 2014년까지 9년에 걸쳐 시리즈로 출시한 것이다. 이 54병짜리 세트는 홍콩 경매에서 719만 2000 홍콩 달러(약 11억 원)에 낙찰되는 쾌거를 보였다. 요즘도 남은 것들이 드문드문 거래가 된다고 하는데 한 병에 거의 수천만 원이라 한다.

카루이자와 위스키도 빼놓으면 섭섭하다. '골든프라미스golden promise'라는 최고급 양조용 보리로 발효하고 증류한 스피릿을 엄선한 스페인산 쉐리오크 통에 숙성시켜 만든 위스키다. 그러나 위스키 침체기인 2000년에 생산을 중단하고 결국 11년 뒤에 증류소는 문을 닫게 되는데 주류 회사 기린이 이를 사들였고 창고에서 버림받던 숙성 재고 350통을 유

사브로마루 증류소의 주넨묘 느와르 위스키

럽의 Nuber One Drinks Company에 모두 매각해 버린다. 이때부터 전설적인 빈티지 시리즈가 출시되며 전 세계적으로 큰 반향을 일으킨다.

그 인기는 현재도 마찬가지인데 몇 년 전 '1960년산 카루이자와'는 홍콩에서 열린 본햄스 경매에서 91만 8,750홍콩달러(1억 3,500만 원)에 팔리며 일본 위스키 사상 최고가 기록을 세웠다. 그리고 대만의 에릭 황이란 사업가가 'Number One

Drinks Company'로부터 남은 25개의 오크 통 중 20개를 인수하여 남다른 마케팅으로 역시나 높은 가격을 매겨 시장에 내놓았다.

일본의 누룩, 코지

세계 최초의 소화(효소)제는 1894년에 개발된 '다카-디아스타아제'이다. 일본 출신 화학자 다카미네 조키치가 발명했다. 그는 일본 전역에서 서양 과학과 화학을 공부한 후, 1880년대에 영국과 미국에서 공학, 약학 박사 학위를 받았다. 그는 일찍이 서양의 과학 문명을 공부하고 자본주의를 체험한 덕에 해 놓은 업적이 상당하다. 1901년에는 아드레날린 호르몬을 추출하여 결정화하는 기술을 개발하여 특허를 받기도 했다. 바이오 벤처 기업가 계보로 치자면 시조새 정도 되는 인물이다.

이렇듯 다재다능했던 그에게 정말 흥미로운 업적이 있었다. 일본 누룩인 코지Koji를 활용한 주정 제조법 특허를 획득했다는 점이다. 그것도 영국, 미국은 물론 여러 유럽 국가에서 말이다. 그때가 1887년이다. 그는 이 양조 신기술을 가지고 1891년 당시 미국 최대 양조업체였던 일리노이 위스키 트러스트에서 일했다. 그리고 위스키 제조에 있어서 맥아를 이용한 당화 대신에 코지를 사용하여 '타카미네 공정'을 시도했다. 코지가 맥아보다 녹말을 포도당으로 분해하는 데 있어서 더 효율적이라 생각했기 때문이었다.

그런데 코지 생산이 본격적으로 시작된 이후 이상한 일들이 생겼다. 증류소 중 하나가 불분명한 이유로 전소된 것이다. 결국 생산은 중단되고 증류소도 문을 닫았다. 급기야는 새로운 오너가 나타난 후 다시 맥아에 의한 당화로 시스템이 바뀌었다. 물증은 없지만 코지 사용에 반대하는 맥아 옹호론자들의 음모였다는 심증만 있었을 뿐이다. 결국 코지로 당화시킨 위스키는 저 먼 이국땅에서 탄생하지 못했다. 이는 일본 위스키의 양대 산맥인 선토리와 니카 위스키 탄생의 일등공신인 마사타카 타케츠루가 영국의 글래스고에 도착하기 무려 35년 전에 벌어졌던 일이었다.

그러나 일본의 누룩은 여전히 많이 쓰인다. 심지어 국내에서도 많이 쓰인다. 국내 양조장에서 사서 쓰는 누룩조차도 우리 전통식이 아닌 일본식 누룩이 대부분이기 때문이다. 편히 만들려고 그런 것일까. 규모의 경제와 거리가 먼 소규모 양조장이 대부분인지라 값싼 입국을 써야 그나마 수지타산이 맞았기 때문이었을 거다. 그저 안타까울 뿐이다.

그래서 전통주 애호가 사이에서 '한영석 청명주'는 무척 힙하다. 이 청명주를 빚는 이가 국내 최초로 공인된 누룩 명인 1호인 한영석 대표이기 때문이다. 국내 전통주(지역 특산주 포함) 양조장 중에서 직접 누룩을 띄워 술을 제조하는 곳은 손에 꼽는다고 한다.

청명주는 24절기 가운데 하나인 청명에 담가 먹었던 술이라 붙여진 이름이며, 주방문(제조법)이 성호사설 만물문에 쓰여 있다. 알다시피 조선후기 성리학자인 이익 선생의 저서가 성호사설이다. 이 술에 쓰이는 전통 누룩은 향온국이다. 도정된 밀 80%, 보리 10%, 생녹두 10%를 섞어 띄우는 누룩인데 한영석 대표가 현대에 이를 재현했다. 참고로 우리 누룩은 당화와 발효를 동시에(병행복발효) 하지만 일본식 누룩은 오로지 당화 기능만 있기에 발효를 위해 효모yeast를 별도로 써야 한다. 마치 서양의 맥아malt와 효모yeast를 별도로 사용하는 것처럼 말이다.

나는 여러 배치batch 중 알코올 18.6도짜리를 마셔봤다. 과실의 단맛과 곡물의 고소함 그리고 은은한 산미가 적당히 발란스를 갖췄다. 풍정사계 춘, 일엽편주를 선호하는 애주가라면 환호할 맛이다. 개인적 입맛으로는 이 술이 위의 두 술보다 단맛이 좀 더 옅고 뒤 끝이 깔끔한 듯하다. 그렇다고 화이트 와인처럼 산미가 툭 튀어나오지 않는다. 제법의 경쟁력인가 아니면 재료가 특출난 것인가? 이는 쌀을 물에 담가두는 침미 시간과 발효, 숙성 기간과 관련이 있다는 전문가의 소견을 읽어본 적이 있다. 그리고 하나 더 있다면 누룩의 힘이다.

130년 전 일본의 조키치 박사는 서구에서 다카미네 공정

한영석 청명주

을 실현하지 못했지만 한영석 청명주와 더불어 자가 누룩을 가진 양조장의 술들이 국내를 넘어서 세계적인 호평을 얻을 날이 언젠가 오지 않을까? 오직 자기만이 부릴 수 있는 누룩을 가졌으니 말이다.

대만의 싱글몰트위스키

강을 지척에 둔 계곡의 새벽은 적막할 정도로 고요하다. 여기에 짙은 안개가 드리우면 몽환적 판타지의 한 장면이 되어버린다. 그리고 저기 먼발치에 심상치 않은 움직임이 보인다. 안개에 가린 실루엣은 아침 햇살이 비추자 영롱한 실체를 드러낸다. 사슴이다. 물 한 모금 마시기 위해 저 너머에서 왔나 보다.

계곡의 사슴. 스코틀랜드 고어인 게일어로 글렌피딕 Glenfiddich 이라 부르는데, 실제로 이런 이름을 가진 스카치위스키가 있다. 그렇다면 정말 사슴이 출몰하는 계곡의 물로 빚어진 것일까? 그렇다. 스코틀랜드. 고대 지진에 의해서 만들어진 경이로운 비주얼의 단층과 기암괴석이 바닷가 일대에 둘러 있으며, 늘 찾아 드는 우기와 더불어 습기를 항시 머금고 있는 바람이 부는 곳이다. 이곳은 여름 최고 평균 기온 19도의 싸늘한 이곳이지만 겨울에는 0도 이하로 잘 내려가지 않는다. 또한 국토의 많은 부분이 황무지임에도 사슴, 밍크는 물론 뇌조와 오리가 서식하는 곳이다. 스카치위스키는 이런 자연환경 속에서 만들어진 수백 년의 역사를 가지고 있다.

청정 지역의 물과 보리 곡물을 발효, 증류한 원액을 오크통에 짧게는 5~6년 길게는 수십 년 동안 담아둔다. 맛을 더 깊고 성숙하게 만들어주는 숙성이 이루어지기 때문이다. 어떤 누가 이 장대한 서사와 장인의 레거시에 도전할 수 있을

대만 이란현의 카발란 증류소 기념사진

까? 그래서 바로 주변의 아일랜드는 물론 미국, 캐나다, 일본 등의 메이저 위스키 생산국들조차 함부로 자웅을 겨루지 못한다.

그런데 최근 혜성처럼 나타나 연거푸 스트라이크를 날리는 브랜드가 있다. 바로 카발란KAVALAN. 싱글몰트위스키 계의 루키이자 앙팡테리블이라 할 수 있다. 세계적으로 권위 있는 각종 위스키 시상을 휩쓸었고, 위스키 매니아층에서 큰 각광을 받고 있다. 탄생지부터가 충격이다. 서구권이 아닌 동양의 대만이기 때문이다. 그래서 카발란의 반란은 과거 캘리포니아산 와인이 프렌치 와인의 자존심을 뭉개버린 '파리의 심판'의 데자뷔라 할 수 있다. 더 놀라운 점이 이어진다. 오크 통 숙성 기간이 고작 3~6년이다.

보통 위스키 퀄리티에 대한 기준은 숙성 기간에 대한 절대적 믿음이 지배적이었다. 오크 통 숙성 12년보다는 21년이 좋고 그보다는 30년이 더 좋다는 식이다. 그리고 스카치 위스키는 이 점을 교묘히 이용해 왔다. 그런데 카발란은 이 공식을 무참히 깨 버렸다. 숙성이 덜 된 싸구려 위스키의 맛이 아니다. 카발란 솔리스트 시리즈의 경우, 대부분의 평들을 말하자면 스카치 싱글몰트 18년 이상의 맛으로 평가될 정도이다.

그 맛의 비밀은 카발란 증류소가 위치한 대만 이란현의 날씨와 기후에 있다. 해발 3천 m가 넘는 산맥에 자리하는데 연평균 기온이 섭씨 27도다. 비도 많이 온다. 종주국 스코틀랜드 또한 일 년 내내 선선하고 습기가 많은 곳이다. 역사와 전통이 말한다. 이런 조건이 위스키 숙성의 최적이라고.

생산 효율 면에서도 일리가 있다. 더우면 증발량이 늘어난다. 이를 천사의 몫 angel's share 라고도 하는데 스코틀랜드에서는 연간 증발량이 1~2%에 지나지 않는다. 그래도 10년 숙성시키면 15~30% 정도 날아가는 손해를 본다. 그래서 30년산이 비싸다. 만약 아열대 기후인 대만이라면 연간 15~20%가 날아가니 10년은커녕 몇 년만 두어도 오크 통이 텅텅 비게 될 것이다. 그래서 카발란은 이 악조건을 역발상으로 과감하게 무너뜨렸다. 3~6년이란 단기 숙성 방식을 채택한 것이다.

더우면 숙성도 빨라지므로 숙성 기간이 거의 1/5로 줄어든다고 한다. 4년 숙성이면 20년 숙성의 풍미가 생긴다는 말이다. 물론 4년이라도 그 더위에서는 많은 증발량이 생긴다. 그래도 생산 속도와 시장 보급이 높아지고 회전율이 빨라지기 때문에 채산성에 문제가 없는 것이다. 그래서 카발란 위스키에는 몇 년 숙성했다는 커다란 알파벳 표기가 없다(이를 NAS, 'no age statement'라고 하는데 보통 저가 위스키가 그렇다). 대신에 오크 통에서 숙성된 알코올 57~62%의 원액 그대로를 병에 담은 캐스크 스트렝쓰cask strength 표기를 자랑스럽게 했다.

그저 남부럽게 쳐다볼 일도 아니다. 우리 국토의 남단 역시도 겨울을 제외하고는 늘 따뜻한 곳이 많다. 그렇다면 다도해 섬 중에서 5년짜리 국산 쌀 위스키를 만들어보는 것은 어떨까? 누룩을 쓰지 말고 서구식 위스키처럼 말이다.

멕켈란보다는 빠르게 카발란보다는 느리게

명품 그러니까 럭셔리 굿즈가 대중화되기 전인 과거에는 좀 알려진 비싼 옷이나 제품들을 메이커라 불렀다. 그러다 어느새 브랜드란 말로 대체되었다. 그런데 브랜드brand라는

메이커스 마크 셀러 에이지드 2024

단어는 노르웨이 고어 'brandr'에서 유래되었고 '태운다_{to burn}' 는 뜻을 지닌다. 예를 들어, 고대 유럽에서 가축의 소유주가 자기 가축에 낙인을 찍어 소유주를 명시하던 방식이 그렇다. 즉 메이커가 남긴 표시가 브랜드인 셈이다.

그렇다면 켄터키 버번위스키 '메이커스 마크_{Maker's mark}'는 브랜드가 맞다. 가장 엔트리급은 대형 마트에서도 종종 볼 수 있을 정도로 흔한데 미들급으로 올라갈수록 가격도 희소가치도 높아진다. 가장 대표적인 것이 셀러 에이지드cellar aged 제품이다. 해마다 한정 수량으로 출시되는데 2023년과 2024년도 딱 두 번 나왔다. 단지 한정 수량이라는 이유만으로 메이커스 마크 위계의 정상을 차지한 것은 아니다. 이름 cellar aged에 답이 있다. 여기서 셀러는 위스키 오크 통을 숙성시키는 보관소를 말하는데 일반적인 웨어하우스가 아니라 켄터키 지방의 높은 온도와 태양열을 차단하여 계절에 상관없이 10도 정도의 일정한 온도를 유지하도록 고안된 석회 저장고를 말한다. 더운 기후로 빨리 숙성되다 보니 10년 숙성만 넘어도 과숙의 문제가 생겨서 고육지책으로 만들어낸 아이디어다. 기존 방식으로 6년 정도 숙성을 하고 나머지 6년 안팎의 시간 동안 이 서늘한 석회 숙성고에서 차분하게 익힌 것이다.

풍미와 맛의 깊이에 있어서 24시간 낮은 불에 푹 고아 낸 설렁탕과 고온으로 3~4시간 만에 끓여 낸 설렁탕 간의 맛의 차이는 무척 크다는 점을 상기하면 이해가 빨라진다. 더운 환경에 놓인 오크 통에서 과숙된 증류주의 맛은 정말 젖은 나무를 빠는 맛이다. 오크칩이나 스틱을 사용해 봤던 이들은 너무나 잘 아는, 기분이 썩 좋지 않은 떫고 쓴 맛 말이다. 그래서 그 유명한 카발란 솔리스트 제품군에는 18년은커녕 10년짜리 숙성 제품조차 보기 힘들며, 이는 버번위스키의 메카 켄터키주도 역시 마찬가지이다.

매년 갈수록 뜨거운 여름을 맞이하는 국내의 기후 역시 오크 통 숙성을 재촉한다고 한다. 올해로 5년 차가 되는 기원, 김창수 위스키와 더불어 오크 통 숙성 소주를 생산하는 지역 특산주 양조장들도 이를 팁으로 삼을 수 있겠다. 일본 가고시마의 츠누키와 오키나와의 류카 위스키도 마찬가지로 말이다.

5장

특별한 호사:
술과 음식, 그리고 그 이상

우리는 음식을 먹고 술을 마시는 행위를 통해 단순히 맛을 즐기는 것이 아니라, 감각의 근원을 들여다 보며 철학적 사유에까지 이른다. 콩디야크와 들뢰즈는 인간의 감각이 이성을 넘어선 직접적이고 원초적인 경험이라고 주장했고, 이는 우리의 신체가 세계와 맞닿는 접점이라는 점에서 중요한 의미를 가진다. 감각의 예술은 시각조차 촉지적으로 경험될 수 있는데, 베이컨의 그림에서 보이는 일그러진 형상은 시각과 촉각의 경계를 흐릿하게 만들며 우리 감성 깊은 곳에 다가선다.

하이볼의 맛 또한 이런 감각적 사유의 연장선에 있다. 일본식의 담백하고 정제된 하이볼은 '느끼는 맛'에 집중하고, 한국식의 달달하고 자극적인 하이볼은 '즐기는 맛'을 지향한다. 이는 각자의 감각적 취향이 문화적 선택과 소비로 연결되는 방식이며, 결국 취향은 삶의 방식이자 개인의 철학으로 이어짐을 보여준다.

모든 감각과 공간, 시간의 조화 속에서 우리는 감각과 사유가 엮인 삶의 호사를 경험하게 된다. 결국 특별한 맛과 공간, 취향은 단순한 즐거움을 넘어서 우리 존재의 가장 깊은 층위까지 닿는, 감각의 철학이다.

감각의 본질

따뜻한 우동 국물이 그리워지는 추운 겨울이었다. 이 엄동설한에 이대 앞을 거닐다가 오리지날 분식집과 맞닥뜨렸다. 아니 이럴 수가? 하고 놀란 이유는 오랫동안 이대 앞 맛집의 명성을 지켜오다가 몇 년 전 소리 소문 없이 사라진 가게가 다시 출몰해서다. 그 당시 다른 곳으로 이전한다거나 그 유명한 오징어 튀김을 누군가에게 전수한다는 한 마디도 없이 폐업해서 무척 서운했었다.

자리는 바뀌었지만 그 인기는 여전한 듯 보였다. 어렵사리 자리를 잡고 우동 한 그릇과 오징어 튀김을 시켰다. 일단 이 튀김은 일반적인 것과 생김새가 다르다. 기다란 오징어 다리를 에워싼 노랑색 튀김옷은 거기에 그치지 않고 마치 조류의 팔에서 연장되어 한껏 펼쳐진 날개처럼 모양새를 가졌다.

젓가락으로 집어 얼굴 가까이에 갖다 대니 고소한 내음

이대앞 오리지날 분식의 오징어 튀김

이 진동하고 먹음직스러운 노란 살결이 더 선명하게 보인다. 아예 손으로 만져본다. 몸통은 부들부들하지만 두툼하고 날개는 강직하나 아스라질 듯 얇다. 이제야 이 녀석이 그 때의 것 그대로임을 확인한 것이다.

 맛간장에 찍어 한입 물고 씹었더니 촉촉하고 쫄깃한 몸통은 저항하나 바삭한 날개는 이내 처참하게 부서진다. 허나 입 속에서는 분쇄된 형태로 다시 하나가 되어 식도로 넘어

간다. 탐욕의 저작활동이 끝나자마자 이곳의 옛 기억이 피어오른다. 보세옷집의 떠들석함, 시뻘건 민주떡볶이, 고약한 냄새의 순대국집 등 젊었던 시절 이대 앞 골목길의 정취였다. 손과 입의 촉각들을 통해 튀김 하나가 과거의 특정한 소리, 색, 냄새 그러니까 아주 오래전 이대 앞을 소환했다.

촉각은 자아와 세계를 구별한다

지금으로부터 약 2,300년 전 아테네의 에피쿠로스 학파는 시각, 청각, 후각은 원자들이 나의 감각기관을 접촉해야 감각할 수 있다고 주장했다. 그런데 이 원자들은 공기를 통해 오면서 그것에 의해서 왜곡될 수 있어서 네모난 것이 둥글게 보이고, 소리 역시 원래와 달리 들릴 수 있으며 냄새 역시 다른 향을 낼 수 있다는 거다. 그래서 공기의 방해를 받지 않는 미각이야말로 정확한 감각 즉 촉각 그 자체라 했다.

여기에 더해 18세기 프랑스의 철학자 콩디야크는 미각 역시 나머지 감각과 다를 것이 없다고 봤다. 왜냐하면 시각, 청각, 후각, 미각 모두 자아와 타자와의 구별을 못하기 때문이었다. 감각을 느낀다고 해도 자신이 외부의 것들과 동일하지 아닌지를 구분할 수 없기 때문이다.

그런데 손으로 자신을 만진다면 나는 '만지는 느낌'과 '만져지는 느낌'을 동시에 지각할 수 있다. 외부 또는 타자로부터 자신의 신체를 분간할 수 있다는 거다. 즉 나를 감지할 수 있는 '촉각'을 통해 내 주위의 모든 시각적이고 청각적이고 후각적인 것들이 어디에 속하는지를 확실하게 구분할 수 있다는 말이다. 결국 촉각은 존재론적으로 나와 타자와의 연결성이다. 무척 간단한 논리지만 무척 설득력이 있다.

그렇다면 과학은 이를 인정할 수 있을까? 답은 그렇다이다. 뉴런의 전기신호로 모든 감각의 신호들이 뇌로 전달된다는 내용은 고등학교 생물 교과서에서도 실려있다. 감각 뉴런이 촉각, 온도 또는 통증과 같은 자극을 감지하면 척수를 통해 뇌로 전기 신호를 보낸 다음 뇌는 이 정보를 처리하고 운동 뉴런을 통해 근육에 신호를 보내 신체가 그에 따라 반응하도록 한다는 것을 말이다. 그래서 '전기신호를 주고받는 것 모두가 촉각적인 것'은 상식 수준의 지식이다. 게다가 VR 게임 기술로 재현된 웨어러블 슈트와 글러브를 착용해 본 이라면 손과 발 그리고 몸의 체성감각과 촉각에 리얼한 타격감과 피격감이 전달되는 것을 느꼈을 것이다. 정말 놀라운 일이다. 인체의 모든 감각이 촉각 그러니까 전기적 신호로 환원된다는 사실을 무려 2천 년 전 그리스의 철학자들은 그들 방식으로 이미 알고 있었다니 말이다.

그런데 콩디야크는 여기에 그치지 않았다. 촉각을 감각이상의 정신으로 봤다. 그의 저서 《감각론 Traité des Sensations, 1754》에 따르면 '인식의 본원을 감각에 국한시켜 주의, 판단, 의욕 등

일체의 정신 작용은 감각의 변형 또는 그 발전에 지나지 않는 것'이라고 했다. 인간의 마음 역시 감각 자체의 변형으로 본 것이다. 콩디야크는 '나'를 사유와 동일시하여 '나'의 신체성을 소거시킨 데카르트의 심신이원론, 즉 과도한 이성주의를 해체했다. 다시 말해서 신체의 촉각을 잃어서 세계와 타자와의 접선을 망각한, 관념론적 무능의 상태에 빠진 '나'를 되찾았다.

안목과 감각의 논리

한번은 모임에 초대를 받았다. 예술 분야에 종사하거나 그것을 즐기는 호사가 몇 분이 참석한단다. 정동 언저리에 위치한 프랑스 백반이란 식당이 약속 장소였는데 찾기가 쉽지 않았다. 좀 늦게 도착했는지라 몇 분이 먼저 식사를 하고 계셨는데 내부 인테리어와 내온 음식들을 보고 놀라움을 감출 수 없었다. 여기 사장님의 안목이 보통이 아니라는 것을 느끼며 유홍준 선생의 '안목'에 대한 일견이 뇌리를 스쳤다. 깊게 경청하면 안목은 곧 인식이며 사유이고 통찰이다. 무엇을 보느냐에 따라 높고 깊고 넓어진다. 그렇다면 회화나 조형 같은 시각적 경로를 통한 직관적인 예술의 감흥은 일차원적인 것이 되고 만다.

사실 현대에 이르러 사진 기술이 발달하자 회화는 더 이

프랑스 백반의 내부 모습

상 재현의 임무에 충실할 이유가 없어지고 사명감도 사라졌다. 그래서 나온 것이 '재현을 따르지 않는 방식'이다. 예를 들어, 몬드리안과 칸딘스키의 작품처럼 눈으로 보이는 실체 말고 점, 선, 면, 색과 같은 순수한 조형 요소가 강조된 것 말이다.

그러다가 1917년 마르셀 뒤샹의 '샘 fountain'이 등장한 이후 급기야 지각변동이 일어난다. 뇌로 지각하고 인식한 추상조차 뒤로 밀려나고 '작가의 생각이나 사상'을 전달하는 비구상이 대세로 등극했기 때문이다. 이는 감각이 이성에 입각한 인식에 밀려난 것이다. 과연 이것이 온당한 일인가.

그렇지 않다고 주장을 하는 철학자가 있다. 바로 질 들뢰즈. 아니 '이성적 존재가 되려면 감각을 불신하라'는 철학자가 무슨 말씀을 한다는 것일까? 그는 예술감상에 있어서 뇌보다 감각을 중시한다. 그런데 그 작동방식이 독특하다. 육안으로 보이지 않는, 비가시적인 것이 어떤 '힘'의 형태로 되어 있다고 말한다. 그 힘은 일종의 리듬인데, 이 리듬을 청각에 보내면 음악이 되고, 시각에 투여하면 회화가 된다는 것이다. 이를 테면 코로 음악을 듣고 눈으로 작품을 만진다는 것인데 예를 들어, 시인 랭보는 철자에서 색상을 보았고, 칸딘스키는 그림에서 음악을 들었고 스크랴빈은 음에서 색채를 감지했다고 전해진다.

즉 오감 같은 개별 감각은 그 감각기의 특성을 반영한 결과일 뿐이고 한 덩어리로 존재하는, 원천적인 '감각의 논리'가 있다는 것이다. 그것은 '두뇌를 통과'하지 않고 우리의 '신경 시스템에 직접 작용'한다는 것이다. 그렇다면 감각은 이성과 합리성을 선행하는 '어떤 근원적 능력'이라 할 수 있다. 물론 철학자인 들뢰즈의 주장이 그렇다는 거다.

좀 다르긴 하나 들뢰즈 이전에도 이성 우위의 인식에서 폄훼되었던 감각 혹은 감성에 호의적인 학자들이 더러 있었다. 미학Aesthetics과 비슷한 철자를 가진 감각(성)학Aisthetik이라는 학문이 있다. 미학의 본래 어원 아이스테시스Aisthesis를 근거로 만들어져서 그렇다. 이는 18세기 독일 철학자 바움가르텐이 처음으로 주창했는데 이성보다 낮게 평가되던 감성을 '인간 감각능력의 고유성과 인식력'으로 인식했기 때문이었다.

현대에 이르러 철학자 게르노트 뵈메 또한 근대 미학이 추구하던 이성의 합리성보다는 감성이 가지고 있는 자율성과 주관성에 무게를 얹힌다. 그리고 '감성이란 인간(신체) 자신이 그 자리에 존재하는 것과, 자신이 존재하는 그곳에서 어떠한 상태(신체적 지각)로 존재하는가에 대한 신체적 경험이라 주장한다. 왜냐하면 지각의 근본적 현상이 바로 현존의 분위기 감지이며, 분위기Atmosphere가 그 근본이기 때문이라는 것이다.

하이보루와 하이볼

말로만 듣던 '하이볼 명가'를 찾았다. 하이볼 제조 장인이라도 있다는 건가? 맞다. 그런데 사람이 아니다. 기계다. 소위 '하이볼 서버'라 불리는 것인데 마치 햄버거 가게의 탄산음료 디스펜서처럼 생겼다. 얼음이 든 컵을 가져다 대면 위스키와 탄산수가 1대 4의 정확한 비율로 각 노즐을 통해 컵에 담기면서 알코올도수 8%의 맛난 하이볼을 만들어 낸다.

이 신박한 기계는 빔 산토리 Beam Suntory이라는 일본 주류 회사에서 공급한다. 아무 곳이나 해주진 않고 자신들이 선별한 곳에 설치하고 '하이볼 명가'라는 간판을 달아 준다. 무슨 자격으로 이렇게 하이볼 명가를 자처하는 것인지 의문이 드는데 사실 그럴만한 자격이 있다. 왜냐하면 일본에서 열광적인 하이볼 하이보루, ハイボール 붐을 일으킨 장본인이 바로 산토리 빔이기 때문이다. 이 회사는 일명 가쿠 하이볼로 시작하여 짐빔

가쿠빈 명가에 마련된 하이볼 서버와 가쿠 하이볼

하이볼을 연달아 히트시켰다. 이들 하이볼에 사용되는 위스키인 가쿠빈과 짐빔 모두 빔 산토리 소유의 것이다.

카쿠빈은 '각진 병'이라는 뜻이다. 거북이 등껍질 같은 멋스런 양각 가운데 노랑색 바탕의 브랜드명이 돋보이는 병 디자인으로 유명하다. 짐빔 JIM BEAM은 미국에서 가장 많이 팔리는 너무도 유명한 버번위스키 BURBON WHISKEY이다. 그것이 왜 일본에 있냐고 묻는다면, 일본 주류 회사 산토리가 몇 년 전 짐빔 회사를 통째로 사 버려서라고 답할 수 있다. 참고로 빔 산토리는 디아지오, 페르노리카에 이어 세계 3대 주류 회사

중의 하나다.

양국 하이볼의 차이

3년 전만 해도 국내에 들인 하이볼 서버는 총 20여 대에 불과했다고 한다. 지금은 전국적으로 100여 군데가 된단다. 그중 한 곳을 찾았다. 여러 종류의 하이볼 중에서 시그니처라 할 수 있는 가쿠 하이볼을 시음했다.

일단 비주얼이 좋다. 다소 비정형의 각얼음 사이로 탄산수가 여러 줄기로 용솟음친다. 한 모금 들이키자 혀의 미뢰를 쏜살같이 지나 목구멍으로 넘어가자 드라이하고 깔끔하고 맛의 향연이 펼쳐진다. 근데 좀 이상하다. 기존에 늘 마시던 하이볼과는 다르다. 약간 허전함은 어디서 오는 것일까?

이는 토닉워터를 쓰지 않고 플레인 탄산수만 쓰기 때문이다. 살짝 피어오르는 상큼한 신맛을 내는 역할은 가니시로 얹혀진 레몬 슬라이스가 맡을 뿐이다. 몇 모금 더 마셨다. 이제야 알겠다. 일본과 우리나라의 하이볼 맛의 차이는 사시미를 간장과 와사비에 그리고 생선회를 초고추장에 찍어 먹는 것과의 차이와 같다는 것을. 어떤 것이 우월하다고 볼 수는 없다. 약 20% 정도 들어간 위스키 원주의 향과 맛을 제대로 만끽하기 위해서는 일본식이 낫고 무언가 자극적이고 달달한 맛을 원한다면 우리식이 안성맞춤이기 때문이다.

갑자기 좋은 아이디어가 떠올랐다. 이러면 어떨까? 원주 위스키:토닉워터:탄산수를 1:1:3 비율로 만드는 것 말이다. 여기에 레몬 슬라이스 두 개를 침수시키면, 잔인한 여름아 안녕이다!

하이볼이 위스키 가격을 올린다

위스키 애호가가 아니라도 어디서 듣거나 보긴 했을 법한 일본 위스키 야마자키와 히비키는 모두 빔 산토리의 주력 위스키다. 알다시피 먹고 싶어도 구하기 힘들고 발견해도 사기 힘들다. 너무 비싸서다.

흥미로운 사실은 가쿠 하이볼의 인기가 탁 치고 오르는 시점부터 이들 위스키의 가격이 서서히 올라갔다는 점이다. 그리고 몇 년 후 하이볼의 인기가 정점을 찍고 그대로 종횡무진 달리기 시작하자 야마자키와 히비키는 귀해져서 찾기 힘들어지는 유니콘 위스키가 되고 만다. 가격 역시 2~3배로 뛰었다. 한국에서는 4~5배 뛰었다고 볼 수 있겠다. 사연은 이렇다. 가쿠빈 위스키에 들어가는 원주가 야마자키에 들어가며 이 야마자키 역시 히비키 위스키의 원주로 사용되는데 가쿠빈이 불타나게 팔리니 야마자키와 히비키의 공급이 부족해진 것이다.

물론 가쿠 하이볼의 열광적 선풍 하나만으로 일본 위스키

가격이 급등한 것은 아니다. 일본 위스키의 전설 다케쓰루의 일대기를 그린 자국 드라마 '맛상'의 인기가 가장 지대한 영향을 미쳤으며 해외 유명 품평회에서 각종 상을 받다 보니 수요(특히 중국)가 급증한 탓도 있다.

이는 장사꾼 입장에서 매우 호재인 셈이다. 면세점에서 8만 원에 팔아도 비슷한 가격대의 스카치위스키에 밀리다 보니 재고가 늘 넉넉했던 위스키가 어느날 공급이 수요를 따르지 못하고 가격은 급등한다. 그렇다면 굳이 공장 설비를 확장하여 생산을 넉넉하게 만들 필요가 없는 것이다.

공급이 충족되면 과거의 가격으로 환원될 것이고 그러다 희소가치가 희박해지면 재고가 어마어마하게 예전처럼 남을 수 있으니까 말이다. 게다가 저가형 가쿠빈이 캐시카우 역할을 해주니 이보다 더 좋은 경우가 어디 있을까. 빔 산토리는 공격수와 수비수의 발란스가 적절한, 이상적 상품 포트폴리오를 이룬 것이다.

그런데 소비자들에게는 다행스럽게도 2024년 하반기 이후 이들 가격의 거품은 점차적으로 소멸하고 있다. 야마자키 12년의 경우, 일본 내 정상 소비자 가격이 1만 6천 엔이라 하니 아마 2025년 겨울 즈음에는 그 가격에 도달하지 않을까 싶다. 모든 오르막이 있으면 내리막이 있으니 말이다.

어싱

    술자리에서였다. 동아일보에 '양종구의 100세 시대 건강법'을 연재중인 양기자가 이걸 권유한다. '어싱 earthing' 즉 '접지'다. 여기서 접지란 맨발로 땅을 밟는 행위를 말한다. 그런데 시멘트나 아스팔트 등의 바닥은 효과가 없으며, 황톳길이 가장 좋은 효과를 가져온단다. 우리 몸에는 30~60 밀리볼트(mV)의 양전하가 흐르는데, 맨발로 땅을 밟으면 이 전하가 0V가 되면서 우리 몸에 쌓인 활성산소가 땅의 음전하와 만나 중성화되어 배출된다는 거다.

    활성산소 free radicals 는 몸의 곪거나 상처 난 곳을 치유하는 기능을 하는데 몸속을 돌아다니면서 멀쩡한 세포를 공격해 악성 세포로 바뀌게 하는 역기능도 가지고 있다. 활성산소의 존재와 역할은 이미 현대 의학에서 상식화된 말이지만 접지의 양전하와 음전하에서 의문이 생겼다. 셀프주유소에 둔 정

경기도 군포의 맨발로 걷는 황톳길

전기 방지 패드를 생각하면 허무맹랑한 말은 아닌 것 같은데 그래도 의아하다. SCI급 논문에 어싱 많이 소개되었냐고 묻자 그 정도는 아니라는 답이 돌아왔다. 대체 의학이나 보조 영양제가 그렇듯이 아직 주류 의학계에서는 이를 인정하지 않은 듯하다.

좀 뒤져보니 어싱과 비슷한 말로 그라운딩grounding이 있었고 유튜브에서 이와 관련한 한 편의 다큐멘터리 영화를 찾을 수 있었다. 〈The Earthing Movie: The Remarkable Science of Grounding〉라는 영화는 접지의 과학에 대해 깊이 파고들어 인체의 전기적 균형을 조절하고 현대 기술로 인한 전자파의 영향을 줄이는 방법을 설명한다. 그리고 개인적인 이야기와 증언을 통해, 만성적인 질병 및 부상으로부터 치유를 돕고, 스트레스와 불안을 줄이며, 삶의 질을 향상시키는 방법으로 접지가 어떻게 도움이 될 수 있는지를 보여준다.

사실 이 치유 행위가 그렇게 낯선 것은 아니다. 영화 〈Wild〉에서는 주인공이 트랙킹 중 신발을 벗고 땅바닥을 밟는 장면이 여러 차례 등장하며, 영화 〈아바타〉에서도 주인공들이 땅바닥을 밟으며 대자연과의 연결을 통한 치유와 재생력을 강조하는 내용이 다루어지지 않았던가. 이렇게 따지다 보니 방법과 원리가 달라서 그렇지 '신체적 심리적 치유와 안정'이란 점에서는 왠지 요가 그리고 명상과 비슷하다.

즉 접지는 맨발로 걷는 행위이지만 여기에 어떤 철학, 종교적 에너지를 부여한다면, 인간의 몸이 자연 지표와 바람, 물, 태양 등의 자연 요소들과의 직접적인 접촉을 통해 지구의 자연 에너지를 받아들이는 행위가 된다. '지구와 하나가 되는 나의 몸'이 되는 것이다. 여기까지 왔으니 두 가지 단어를 언급하지 않을 수 없다. 가이아 이론 GAIA theory과 뉴 에이지 운동 New Age movement이다.

미드저니를 이용해 만든 가이아와 뉴에이지 이미지

가이아 이론

가이아 이론은 지구를 하나의 생명체로 바라본다. 다시 말해서 지구의 모든 생물들과 자연 환경이 상호 작용하면서 하나의 거대한 생명체처럼 작용한다는 것이다. 그래서 이름도 그리스 신화의 대지의 여신 '가이아'에서 따왔다.

이 이론은 영국의 대기과학자 제임스 러브록 교수가 만들었다. 그는 지구를 조절하는 매커니즘이 있는 것으로 보고, 이를 '생명 조절 장치 life-regulating device'라고 불렀다. 이 생명 조절 장치는 지구 생물의 다양한 활동, 즉 바다의 염분 농도, 대기의 산소 농도, 이산화탄소 농도 등을 조절하면서 지구의 생태계를 유지하고 균형을 유지한다. 특히 지구 생명체 중의 하나인 인간 역시도 지구 생태계의 일부이기에 지구 생태계의 변화에 따라 인간도 변화해야 한다는 것을 주장한다. 그러기에 지구 환경 문제에 대한 인식을 바꾸고, 지구 생태계와 인간의 관계를 새롭게 인식하도록 독려하는 환경 운동적 성격도 짙다.

그러나 기존 학계에서는 좀 더 구체적인 과학적 증명에 한계가 있는 이 이론을 달갑게 여기지 않는다고 한다. 그래서 이론이 아닌 가설 hypothesis 정도로 여기기도 한다.

뉴 에이지 운동

접지 Earthing 또는 그라운딩 Grounding 을 아주 중요한 실천으로 보는 운동 movement 이 있다. 바로 뉴 에이지 운동 New Age movement 이다. 이는 기존의 사회, 문화 그리고 종교에서 더 이상 가치를 발견하지 못하여 영적 공허를 느낀 사람들이 개인의 영성적 변화, 즉 인간의 내적 능력을 개발시켜 우주의 차원에 도달하는 것이 바로 구원이라고 확신하는, 종교적 성격을 강하게 띤 신문화 운동이다.

특징적으로는 '모든 것은 하나'라는 일원론 monism 을 가지며 '신은 만물 안에 존재하고 만물은 신'이라는 범내신론 panentheism 을 믿는다. 그래서 자연과 깊은 연결과 이를 통한 건강과 평화의 추구를 중요한 가치 중 하나로 여긴다. 접지가 꼭 필요한 이유다.

또한 뉴 에이지 운동은 신비주의적인 미학을 강조하며, 자연과 영적 세계를 하나로 이어보려고 시도하는 신지학theosophy의 영향을 많이 받았다. 그래서 뉴 에이지 운동에서는 자연, 영적 세계, 우주 등을 일종의 유기체로 생각하고, 인간과 유기체 간의 상호작용과 융합을 강조한다. 신지학은 앞서 말한 범신론 그리고 불교의 환생과 카르마를 믿는다.

술자리에서 건네받은 한마디를 파다 보니 가설과 종교의 영역에까지 도달했다. 그런데 생각해 보니 이론을 복잡하게 따지고 자시고 할 필요가 없을 듯하다. 여름 한 철 바닷가 해변에서 맨발로 모래땅을 한참 걸었을 때, 시원한 가을날 캠핑 의자에 지긋이 몸을 맡긴 상태에서 양말을 살짝 벗은 발바닥을 흙에 대봤을 때, 내 기분은 정말로 진심으로 삼삼했었으니 말이다. 접지 제대로 한번 해 봐야겠다.

오감유희

 그날을 잊을 수 없다. 시각, 미각, 후각, 촉각 그리고 청각이 하나의 정서로 합치되어 극렬한 쾌감으로 다가왔던 날이었기 때문이다. 그 정서는 아련함이었다. 무언가 어렴풋하고 가물가물하며 그윽하나 실체가 명확하지 않을 때 느끼는 기분이다.
 그래서 생각해 봤다. 나를 지배하는 정서가 '아련'해서 모든 감각기가 그렇게 된 것인지, 각각의 감각을 통해서 유입된 오감이 공교롭게도 '아련'한 정서를 가져서 그런 감흥을 가지게 된 것인지 말이다. 누군가 이 현상 또는 정서를 연구했을 거란 믿음에 서점을 뒤졌다. 대충 찾고자 하는 방향에 어필하는 제목의 책이 보였다. 철학자 질 들뢰즈가 쓴 《감각의 논리》이다.
 들뢰즈는 육안으로 보이지 않는, 비가시적인 것이 어떤

'힘'의 형태로 되어 있다고 말한다. 그 힘은 일종의 리듬인데, 이 리듬을 청각에 보내면 음악이 되고, 시각에 투여하면 회화가 된다는 것이다. 따라서 들뢰즈에 따르면 그림은 고정된 장식이 아니라 살아있는 리듬 감각의 묘사가 된다. 즉, 오감 같은 개별 감각은 그 감각기의 특성을 반영한 결과일 뿐이고 한 덩어리로 존재하는, 원천적인 '감각의 논리'가 있다는 것이다.

또한 하나의 자극으로 둘 이상의 감각기를 동원할 수 있는, '원천적인 감각'은 '공감각의 능력'과 동의어라고 본다. 시인 랭보는 철자에서 색상을 보았고, 칸딘스키는 그림에서 음악을 들었으며 스크랴빈은 음에서 색채를 감지했다고 한다. 이는 신체의 감각기와 연결된 오감을 철저하게 분리시켜 인식하는 보편적 상식에서 어긋난다.

그동안 감각은 인식론적 측면에서 항상 이성보다 열등하게 취급받았다. 그런데 감각을 존재론적으로 해석하니 이성과 합리성을 선행하는 '어떤 근원적 능력'이 된 것이다. 주체와 대상이란 한 존재가 내재와 초월이란 형용모순을 안고 있는 셈이다. 쉽게 말하자면, '지각'은 그 대상과 주체가 다르고 '감각'은 대상이 곧 주체란 말이다.

들뢰즈는 이를 설명하기 위하여 20세기의 화가 프랜시스 베이컨을 소환한다. 베이컨의 회화에는 앞서 말한 '힘'이 존재하는데 크게 세 가지 형태다. 그림의 빈 곳을 채우는 배경인 아플라$_{aplat}$, 형상을 '고립'시키는 트랙, 동그라미, 유리상자 그리고 '고립'된 이미지인 형상 이렇게 말이다. 이 각각의 요소들은 자기 고유의 '힘'을 갖고 있다.

그래서 베이컨의 그림을 보면, 항상 아플라와 형상이 강하게 뒤엉켜있다. 그래서 얼굴이나 신체 일부가 일그러지거나 녹아내려 배경에 압착된 것처럼 보인다(일부러 그렇게 그린 것이다). 이를 촉지적이라 표현한다. 다시 말해서 '눈'으로 '보는' '광학적' 측면이 아니라 '눈'으로 만지는 '촉각적' 측면에 가까운 셈이다. 눈으로 만진다는 것이 말도 안 되는 소리로 생각될 수 있다. 그런데 앞서 말했지 않은가. 그 힘은 공감각의 능력이 있다고. 그러므로 관객은 베이컨의 작품을 눈으로 보더라도 '시각적'으로 보면 안 되고 '촉각적'으로 만져야 제대로 감상하는 것이다. 어려운가? 냄새에서 리듬을 찾고 식감과 맛으로 그림을 연상하는 것은 절대 어렵지 않다.

베이컨이 1969년에 내놓은 삼면화 〈루시언 프로이드에 대한 세 개의 습작〉은 2013년 뉴욕 크리스티 경매에서 1억 4,240만 달러에 팔렸다. 그리고 최근의 〈루시언 프로이드의 초상 연구〉 역시 4,333만 파운드(약 683억 원)에 낙찰되었다. 이는 세 개가 한 작품이 되는 삼면화가 아닌 한 장짜리 그림이니 몸값이 더 오른 셈이다.

재미있는 사실은 이 그림 역시 베이컨 작품의 특징인 삼면화의 일부였다. 일찍이 중앙 패널은 영국의 귀족인 콜린 테넌트에게 팔렸고 측면 각각은 개인 수집가와 예루살렘의 이스라엘 박물관에 있다고 한다. 그리고 그림의 주인공 루시언 프로이드는 그와 절친 사이였다가 서로 말도 안 하는 사이로 돌변한 라이벌이었다고 한다. 말년에 화해를 했을지 궁금해진다.

세상을 호령했던
제국의 심장으로

 평생 단 한 번이라도 꼭 가보고 싶은 장소 네 곳이 있다. 오스트리아 빈의 호프부르크 궁전, 튀르키예 이스탄불의 톱카프 궁전, 이란 파르스주의 페르세폴리스, 그리고 몽골 으브르항가이 주의 카라코룸이다. 서로 다른 대륙, 다른 문화권에 흩어져 있지만, 이들은 모두 한 시대를 풍미했던 제국의 중심이자, 그 찬란한 문명의 정수를 품은 곳이다. 나의 여행 버킷리스트이자, 인류 문명의 궤적을 따라가는 나만의 순례길이기도 하다.

 호프부르크 궁전은 오스트리아 합스부르크 왕가의 겨울 궁전으로, 무려 650년 동안 유럽 중부를 지배했던 오스트리아-헝가리 제국의 권위와 위엄이 고스란히 남아 있는 곳이다. 빈 도심 한가운데 자리한 이 궁전은 구왕궁과 신왕궁, 왕궁 예배당, 국립도서관, 스페인 승마학교, 시시 박물관 등으로 구성된 복합 건축물이다. 신고딕, 르네상스, 바로크, 로코코 등 다양한 양식이 조화를 이루며, 마치 유럽 건축사의 박물관처럼 느껴진다. 특히 엘리자베트 황후, 일명 '시시'의 삶을 엿볼 수 있는 시시 박물관은 이 궁전의 감성적 정점이다. 그녀의 초상화와 유품, 그리고 비극적인 생애는 제국의 화려함 이면에 깃든 인간의 고독을 떠올리게 한다.

톱카프 궁전은 오스만 제국의 심장부였다. 15세기 중반부터 19세기 중반까지 약 400년간 수많은 술탄이 거주하며 제국을 통치했던 이 궁전은, 보스포루스 해협과 마르마라해, 금각만이 만나는 언덕 위에 있다. 궁전은 외정(비룬), 내정(엔데룬), 하렘으로 나뉘며, 각각의 중정과 문을 지나며 점점 더 깊은 권력의 중심으로 들어가는 구조다. 하렘에는 250개가 넘는 방이 있고, 술탄의 어머니와 후궁들이 머물렀다. 성물관에는 무함마드의 유품을 보관해 종교적 권위까지 아우르던 제국의 면모를 보여준다. 이 궁전은 화려함보다는 절제된 위엄으로, 오스만 제국의 실용적이고도 신비로운 통치 철학을 드러낸다.

페르세폴리스는 그 이름만으로도 고대의 숨결이 느껴지는 곳이다. 기원전 518년, 다리우스 1세가 아케메네스 왕조의 수도로 세운 이 도시는, 메소포타미아 양식의 영향을 받은 웅장한 석조 기단 위에 세워졌다. 날개 달린 황소 조각, 정교한 부조, 기념비적 계단과 알현실은 고대 페르시아 제국의 위엄을 증명한다. 이곳은 단순한 수도가 아니라, 제국의 상징이자 신성한 공간이었다. 기원전 330년, 알렉산드로스 대왕의 침공으로 불타버린 뒤로 지금은 폐허 속에 잠든 도시지만 그럼에도 불구하고, 그 돌 하나하나에는 여전히 '왕 중의 왕'이 다스리던 시절의 숨결이 배어 있다.

카라코룸은 몽골제국의 첫 수도다. 칭기즈칸이 1220년경 이곳을 본거지로 삼았고, 그의 아들 오고타이 칸이 본격적으로 도시를 건설했다. 당시 카라코룸은 유라시아를 잇는 교통과 무역의 중심지였으며, 다양한 종교와 민족이 공존하는 국제도시의 면모를 보였다. 불교 사찰, 이슬람 모스크, 도교 사원, 북중국인들의 공방이 어우러진 이 도시는, 몽골제국이 지향했던 다원주의와 통합의 상징이었다. 지금은 으브르항가이 주의 평원 위에 박물관과 유적만이 남아 있지만, 그곳에 서면 한때 유라시아를 호령했던 제국의 숨결이 바람을 타고 들려올 것만 같다.

이 네 곳은 이제 더 이상 제국의 수도가 아니다. 오스트리아는 유럽의 작은 공화국이 되었고, 튀르키예는 세속 국가로 변모했으며, 이란은 외교적 고립 속에 있고, 몽골은 중국의 변방에서 조용히 시간을 보내고 있다. 세속의 권력은 결국 시들고, 제국의 영광은 돌과 흙 속에 묻혔다. 하지만 그 자취를 따라가는 일은, 단순한 과거의 회상이 아니라, 인간 문명의 본질을 묻는 일이기도 하다.

한때 세상의 중심이었던 곳들이 지금은 변방이 되었고, 그 중심을 직접 밟아보는 일은 단순한 여행을 넘어선 체험이 될 것이다. 그 흙을 밟고, 그 돌을 어루만지며, 나는 무엇을 얻을 수 있을까. 아마도 그것은 말로 설명할 수 없는, 시간과 공간을 초월한 감응일 것이다.

그중에서도 나는 페르세폴리스를 가장 먼저, 그리고 가장 간절히 밟고 싶다. 가장 오래된 도시이자, 가장 깊은 문명의 뿌리를 간직한 곳, 수메르, 아카드, 바빌로니아, 아시리아로 이어지는 비옥한 초승달 지대의 역사적 계보 속에서, 페르세폴리스는 그 정점에 선 도시이기 때문이다. 그러나 지금은 이란이라는 현실의 장벽 앞에 막혀 있다. 언젠가는, 정말 언젠가는 그 장벽이 걷히고, 나는 그 폐허 위에 서서 고요히 눈을 감을 수 있기를 바란다. 그 순간, 나는 비로소 나의 여행이 완성되었음을 느낄 것이다.

오스트리아 합스부르크 가문, 오스만의 메흐메트 6세, 아케메네스 왕조 그리고 칭기즈칸의 후예들은 아마도 지금 어디선가 술 몇 잔 걸치면서, 마치 그들의 조상들이 빙의라도 한 듯 과거의 영화롭던 시절을 회상하고 현실의 비애에 젖어 있을지도 모르겠다. "I used to rule the world."로 시작하는 콜드플레이의 〈viva la vida〉를 들으면서 말이다.

작은 책상 콘서트

예전에 고색창연한 한옥에서 모임을 가졌었는데 준비된 행사 중 하나가 그곳의 소리 감상이었다. 한옥 안에 늘 있는 것은 '지닌 소리', 외부에서 들어오는 것은 '스민 소리'란다. 그리고 대청마루, 여닫이문, 가구 등 마치 집 안의 식구처럼 오랜 시간을 함께 공존한 것들이 만들어낸 소리는 '빚은 소리'라 한다. 멋진 감성적 표현이다.

눈을 지긋이 감고 감상하니 이 세 가지 다양한 분절음들은 적절하게 재배치되어 규칙적인 강약의 음을 만든다. 이는 리듬인데 여기에 각 다른 음높이가 있다. 선율을 말한다. 그리고 어느 순간 다양한 소리들의 합주가 이루어진다. 하모니까지 완성되고 궁극에는 3악장으로 나누어지면서 하나의 자연 교향곡이 만들어졌다. 원시元時 심포니의 탄생이다.

사실 서로간 협응이 없는 불규칙적인 자연의 소리들이 어찌 화성을 맞춰 협연하겠는가. 이는 그저 듣는 이의 사유와 감성의 상상력이 빚어낸 결과일 테다. 그렇다면 청자聽者는 왜 상상력을 동원했을까? 숱한 세월을 지내야 드러나는 예스러운 풍치와 모습을 가진 공간에 감동했기 때문이다.

진정성 깃든 공연을 감상할 수 있다는 믿음

가수의 음원과 뮤직비디오는 그들의 노래와 퍼포먼스를 최대치로 집약하고 응축한 결과물이다. 그런데 실제 그들의 진가는 라이브나 콘서트 현장에서 발휘된다. 이런 이유로, 좋아하는 아티스트가 생기면 그의 음반(음원)과 라이브 앨범을 둘 다 챙기곤 했다. 그런데 대형 콘서트는 넓은 공간에 많은 사람이 모인 지라 섬세하고 미묘한 음성과 악기 소리를 구현하는 데 어려움이 있다. 과거에는 한계도 뚜렷했다. 그래서 등장한 것이 MTV의 '언플러그드unplugged' 같은 소규모 라이브 공연이다. 언플러그드는 규모만 작아진 것이 아니다. 이름 그대로 전기 코드를 뽑았다. 민낯의 어쿠스틱 사운드를 추구하는 것이다.

이와 좀 유사하긴 한데 미국의 공중 방송 PBS에서 주말마다 방영했던, 음악 공연 프로그램 〈Best sessions at west 54th〉도 빼놓을 순 없다. 나는 2003년경 DVD로 출시된 〈Best sessions at west 54th Vol.1〉을 구입하고서야 그 존재를 알았다.

여기에는 벤 폴드 파이브, 아니 프랑코 등의 인디계 실력 파는 물론이고, 70년대의 전설적인 보헤미안 뮤지션 패티 스미스, 반항의 아이콘 시너드 오코너(얼마 전 타계), 포크계의 여장부 에밀루 해리스와 재즈계의 독보적 존재 윈튼 마샬리스, 게다가 재즈와 클래식을 융합시키는 퓨전클래식의 달인 요요마에 이르기까지, 다양한 장르의 아티스트가 등장한다. 공연은 뉴욕에 소재한 소니뮤직 스튜디오 공간에서 백여 명이 채 안 되는 관람객에 둘러싸여 진행된다. 그런데 관객과 아티스트들 간의 경계선이 모호하다 보니 편안한 자세로 다리를 꼬고 앉아 있는 관객의 손에 에스프레소 커피잔이라도 쥐어진다면, 이곳은 영락없는 그리니치 빌리지의 조그마한 라이브 카페다.

그리고 이보다 더 초박형 콘서트가 있다는 걸 최근 알았다. 'TINY DESK CONCERTS'이다. 직역하면 작은 책상 콘서트지만 우리나라로 치면 다락방 콘서트 같은 느낌이 되겠다. 공연 장소는 일부러 만든, 그럴듯한 사무실 공간이 아닌, 이 프로그램을 제작한 NPR(미국 공영 라디오 방송) Music의 담당 PD 밥 보일렌의 실제 책상머리에서 펼쳐진다. 책장을 빼곡하게 채운 책들 그리고 책상에 널브러진 채로 방치된 각종 잡다한 물건들이 '이게 리얼$_{real}$'이라고 말해 준다.

이 콘서트는 2008년 4월에 시작됐다. NPR Music의 동료

필자의 아지트에서 빌리 아일리시 공연을 감상했다.

인 스티븐 톰슨이 농담 삼아 발언했던 '사무실 공연'이란 말에서 영감을 얻었다고 한다. 이후 지금까지 빌리 아일리시, 노라 존스, 해리 스타일스, 존 레전드, 콜드 플레이, 스팅과 쉐기, U2의 보노 같은 당대 최고의 스타들과 더불어 국내 아티스트로는 BTS, JAY PARK, RM과 고래야, 이희문 등이 출연했다. 별들만 여기에 모이는 것이 아니다. 세계 각국의 실력파 언더 가수들과 전통 음악 아티스트들이 온갖 장르를 망라한 유쾌하고 진지한 퍼포먼스를 선보인다. 시작 이래로 1,500여 팀이 등장했으며 누적 조회수는 무려 16억 회에 달한다.

그러다가 코로나 시국에는 'Tiny Desk (Home) Concerts'라는 살짝 바뀐 이름으로, 워싱턴의 NPR 사무실 공간이 아니라 해당 아티스트의 실제 집이나 친근한 장소에서 공연이 이루어졌다. 그들 집의 인테리어를 감상하는 묘미는 덤이다. 이 중 백미는 빌리 아일리시가 그녀의 친오빠이자 프로듀서인 피니어스 오코넬(그녀의 노래 대부분을 작곡)과 함께 NPR 사무실 배경을 본뜬 골판지 앞에서 펼친 재택 공연이다. 노이즈 캔슬 이어폰을 이용하여 청취하면 나지막한 그녀의 음성이 마치 ASMR 사운드처럼 아주 섬세하고 또렷하게 들리면서 그에 보조를 맞추는 악기 소리와 함께 고막을 어지간히 간지럽게 한다.

타이니 데스크 콘서트가 열리는 담당 PD 밥 보일렌의 책상 뒤편의 작은 공간과 그곳을 본뜬 빌리 아일리시의 집 한 켠이 가지는 의미는 무엇일까. 화려한 퍼포먼스와 첨단 장비의 구축 없이도 싱어와 뮤지션의 진정성 깃든 공연을 감상할 수 있다는 믿음이 아닐까 싶다.

취향은 소비다

'벨벳 언더그라운드와 니코The Velvet Underground & Nico' 오리지날 중고 LP를 소장한 그는 상수동의 복합 문화 공간 '무대륙'을 좋아하고, 영화 '퍼펙트 데이즈'에 찐하게 공감할 가능성이 많다. 반면 '구찌 라이톤 스니커즈'를 일상화로 신고 다니는 그녀는 청담동의 '카페 디올'을 선호하고 미드 '섹스 앤 더 시티'를 현대적 고전 정도로 칭송할 여지가 높다. 물론 두 경우가 혼재될 수도 있으나 그와 그녀의 취향을 이루는 맥락을 고려해 봤을 때 그럴 수 있다는 이야기다.

예를 들어, 중고 LP가 '낡고 오래되어 희소가치가 있는 데다가 날 것 그대로의 투박한 정서와 자연스러운 매력'으로 그를 유혹했다면 같은 성격의 맥락에 놓인 패션, 음식, 주거, 여가 활동, 여행 등도 마찬가지로 그의 일상에 스며들었을 것이니 말이다. 반대로 구찌 스니커즈가 '세련된 디자인을

벨벳 언더그라운드 LP와 명품을 소비하는 여자 이미지

가진 핫 아이템이자 누구나 아는 럭셔리 브랜드의 명성'으로 그녀를 설레게 했다면 동일한 선상의 트렌드 럭셔리 라이프스타일을 추구할 가능성이 높다. 그렇다면 개인 혹은 대중의 취향을 이루는 맥락은 어떻게 형성될까? 그저 타고난 것일까 아니면 어떤 특별한 학습과 경험에 의해서 만들어질까?

대중 소비문화의 탄생

취향趣向은 '하고 싶은 마음이 생기는 방향 또는 그런 경향'을 말한다. '즐기고 좋아함'이란 의미를 가진 기호와 유사하다. 그래서 영어로 번역하면 'taste, liking, preference'이다. 곧 개인의 취향은 '나라는 사람을 드러내고 알려주는 지표'이자 '고유한 개인의 생활 방식'으로 규정된다. 그래서 대중적 취향의 반대편에 선다. 그럼에도 불구하고 모든 '취향은 소비'다. 즉 취향은 각종 소비를 통해 취사 선택된 일련의 것들로 집약된다는 의미이다.

각종 소비는 상업 문화와 대중시장이 엮어진 소비 사회의 장場에서 이루어진다. 그것이 강남의 도산공원 주변 또는 강북의 성수동 혹은 SNS 상에 존재하는 소수의 아지트에서 이루어지든 상관없이 말이다. 핫하거나 대중적인 트렌드를 좇지 않고 오로지 소수만이 즐기는 취향을 가졌다고 하더라도 해당 생산자와 미디어가 만들어낸 이미지와 스토리텔링에서 자유로울 수 없다. 시장 시스템에서 생산자와 판매자는 이윤 추구를 위하여 구매력을 지닌 소비자로 하여금 자신들의 상품을 소비하게 만들어야 하기 때문이다.

세계 최초의 백화점은 1852년 프랑스 파리에 문을 연 '봉마르쉐 Le Bon Marche'였다. 세련되고 값비싼 의류, 가구, 각종 잡화와 쥬얼리 등이 에펠이 지은 이 멋진 건물에 모두 들어섰다. 물론 고가의 물건들이라 아무나 손쉽게 매장의 물건들을 살 수는 없었지만 19세기에 등장한 대중 사회를 상징한다는 점에서 매우 중요한 위치를 차지한다.

대중사회는 19세기 중후반 서구 자본주의의 급속한 산업화와 밀접한 관련이 있다. 바로 산업화에 따른 대량생산, 제품의 규격화 그리고 매스미디어의 등장이 상호 협력을 하면서 정합성을 갖추자 탄생한 것이기 때문이다. 그리고 그 주체는 도시에 사는 대중시민들이었다. 다시 말해서, 당시의 대중사회 혹은 대중문화는 역사상 처음으로 다수의 집단이 문화적으로 완전하게 통합된 상태를 보여 주었다.

1850년대 유럽과 미국의 대중문화 mass culture 는 도시라는 하드웨어 안에서 흥겨운 소프트웨어의 역할을 했다. 당시 산업화의 주축이자 사회에서의 지배적 위치를 차지하기 시작한 중산층 계급에게 대중문화는 노동 외의 시간에 즐길 수 있는 유희이자 여가였다. 저렴하고 다양한 데다가 접근성이 용이했으며 무엇보다도 대중들이 고된 노동의 괴로움을 한순간 잊어버리고 현실로부터 도피하게 만드는 일종의 마취제 역할을 했기 때문이었다.

특히, 20세기에 들어서자 대중 소비문화는 더욱 화려하고 정교한 면모를 갖춘 데다가 상업과 일정 거리를 둔 예술계에도 큰 영향을 주어 새로운 글과 그림 그리고 사상을 탄생시켰다. '좋은 시절'이란 의미를 가진 벨 에포크 La belle epoque 가 그 정점이었다.

벨 에포크는 프러시아와 프랑스의 전쟁(보불전쟁)이 끝난 후 제1차 세계대전이 발발하기 직전까지 잠시 평온했던 유럽의 시간 그러니까 1870~1890년에서 1914년까지의 세월을 말한다. 이때는 마치 캄브리아기의 대폭발처럼 자동차, 기차, 비행기 등의 새로운 교통수단과 전기, 전화, 카메라, 영화, 백화점, 엘리베이터 같은 첨단 기기와 문화가 쏟아지듯 등장했으며 바캉스 같은 여행 문화와 세련된 라이프 스타일의 집약을 보여주는 만국박람회가 문전성시를 이루었다.

당연히 예술계가 가만히 있을 리 없었다. 강렬한 색채를 캔버스에 뿜어대는 인상파 화가들과 더불어 계몽의 목소리를 내는 사상가와 문인들도 동참했다. 그들은 물랑루즈와 맥심 레스토랑에 모여 세속의 비루함과 이상의 고결함에 대한 생각들을 즐겁고 진지한 대화에 실어, 오고 가는 술 잔 사이에서 뭉개고 교합시키며 인상주의, 아르누보 등의 예술 사조를 탄생시켰다. 반면 그 좋은 시절에도 어두운 이면이 존재했다. 대표적인 것이 타이타닉호의 침몰이었다.

미국의 '광란의 20년대 Roaring Twenties' 역시 대중 소비문화의 역사에 있어서 매우 중요한 지점을 차지한다. 1920년대를 말한다. 포드자동차 즉 포디즘으로 대변되는 일괄 생산공정은 중산층 가정의 자가용 문화를 만들어냈으며, 무선 시대의 미디어인 라디오가 등장했으며, 영화 산업의 메카 할리우드이 기지개를 편 시기이다. 가정과 사무실 공간에도 변화가 생겼다. 현대 도시 생활에 알맞은 실용적이고 단순한 디자인의 아르 데코가 유행했고 재즈클럽이 번성했다. 흥미로운 사실은 이 화려한 10년 동안의 유흥의 시간이 사실 금주법 기간에 펼쳐졌었다는 점이다.

어쨌든 1920년대는 요즘 시대에도 낯설지 않은 소비 지상주의와 대중문화의 전형성이 비로소 형태를 갖추게 된 시점이 되었다. 미국 마르케트대 경제학 교수를 지낸 진 스마일리는 "이때가 진정한 현대적 시기의 출발"이라고 말했다. 이렇듯 작금의 개인과 대중의 취향은 한 세기 이상의 빌드업을 통해 예술과 문화의 경계를 넘나드는 대중 소비시장에서 형성되고 각색된 것이라 해도 무방하다.

취향은 사회적 계급이다

앞서 '취향은 소비다'라 밝혔다. 대중적 취향은 물론 개인의 취향조차도 이윤 추구를 목적으로 한 시장 시스템의 소비를 통해 이루어지기 때문이다. 즉 타인의 욕망을 좇지 않고 '자신이 선택할 수 있는' 취향을 가졌다고 하더라도 해당 생산자와 미디어가 만들어낸 이미지와 스토리텔링에서 완전히 자유로울 수 없음을 말한다.

그런데 '자신이 선택할 수 있는'의 의미를 곱씹어 보면 이런 해석도 가능하다. 취향은 사회적 계급이다. 바꿔 말해서 나의 선택은 자신이 처한 경제적, 문화적 환경에 구속된다는 것이다.

예를 들어, 의류에 있어서 유니클로보다 폴 스미스를 선호한다는 것은 보편 감성의 심플한 의상보다 개성이 돋보이는 시그니처 감성을 선호한다는 의미가 되겠으나 값비싼 상품을 구매할 수 있는 경제적 여유를 반영한 것일 수도 있다.

또한 세련되거나 독창적인 제품을 가려내는 안목 역시도 자신이 속한 집단의 문화적 환경에 의해서 길러지고 익숙해진 정서일 경우가 크다.

그란츠Grant's라는 스카치위스키가 있다. 2만 원 이하 수입 위스키 중 가장 맛있다고 정평이 나 있다. 그리고 닥터G라는 피부 크림이 있다. 1만 원 초반의 가격으로 엄청난 보습 효과를 보여서 알만한 사람은 다 사는 그런 제품이다. 물론 이에 대해 이견이 있을 수 있겠으나 가성비 최고의 제품들로 알려져서 무척 많이 팔리고 있다.

하지만 이에 아랑곳하지 않은, 오히려 품질 대비 가격이 너무 낮아서 구매를 망설이는 이들도 있다. 다시 말해서 가격이 비싸야 더 살려는 사람들이 있다는 말이다. 가격이 낮으면 남에게 과시를 할 명분이 없어서다. 이러한 소비심리를 '베블런 효과veblen effect'라고 한다. 사회학자 소스타인 베블런은 19세기 후반 미국 사회에서 벌어진 부유층의 소비 행태를 분석한 《유한계급론》을 출간했다. 여기에 '과시적 소비conspicuous consumption'란 신조어가 등장한다.

그의 주장에 따르면 당시 품위 있는 직업과 지위를 가졌던 유한계급leisure class은 무척이나 사치스런 소비를 했는데 그 이유가 남들과 차별화된 모습을 보이기 위해서였다는 거다. 즉 과거와 다른 자본주의 사회에서 이제 사회적 우월성은 도덕성이나 지적 가치가 아닌 부의 과시에 달려있다는 핵심을 간파한 것이다. 그렇다면 당시 유한계급은 자신의 감성적, 미적 취향의 만족보다 남과 차별화되면서 만끽할 수 있는 우월감을 위해 소비한 셈이다.

이로부터 반세기가 훨씬 지난 후 프랑스의 사회학자 피에르 부르디외는 《구별 짓기》라는 자신의 저서에서 '문화'를 내세운다. 베블런이 주로 경제적 자본에 의한 우위를 말한 반면 부르디외는 '문화 자본에 의한 구별 짓기'를 시사한 것이다.

문명화된 인간은 교양을 가진다. 교양은 개인의 지식과 교육 수준, 문화적 배경과 예절 등을 종합적으로 나타내는 개념이다. 따라서 교양 있는 개인은 나름의 문화 자본을 가진 사람을 말한다. 그리고 문화자본은 금력을 뜻하는 경제 자본과 인맥과 네트워크 같은 사회자본과 마찬가지로 막강한 힘을 발휘하는데 다른 두 자본과 달리 한 인간과 평생을 같이한다. 주로 유년기와 청년기 때에 형성되어 한 인간의 영구적인 성향과 사고방식으로 고착되는 아비투스처럼 그 사람의 사유와 취향을 지배하기 때문이다.

그런데 매너와 교양 즉 문화자본은 그저 한 개인의 속성을 나타내는 지표로 끝나지 않고 집단의 구별 짓기 잣대로 쓰인다. 영화 〈기생충〉에서 냄새가 계급을 구분 짓는 암시였듯이 말씨, 태도, 교양, 지적 소양 등의 취향 역시 계급을 나누는 기호記號로써 작용한다. 하지만 의도적인 부의 과시를 통해 우월감을 맛보는 유한계급의 속물근성과는 질적으로 다르다. 지적 교양은 많고 높을수록 좋은 법이다. 그럼에도 불구하고 문화자본 역시 자신이 속한 사회, 경제적 계급에 의해 제약을 받을 수 있다는 점에서 한계를 가진다.

취향은 고무줄이다

취향이 자본 시장의 소비 시스템에서 자유로울 수 없고 자신이 속한 사회, 경제적 계급의 영향 하에 있음에도 불구하고 자기 주도적 문화에서 잉태되고 키워나갈 수 있음은 자명하다. 취향은 고무줄과 같기 때문이다. 고무줄은 늘어난다. 따라서 잡아당기는 이의 노력과 의지에 따라 짧은 길이의 고무줄이 그보다 긴 것보다 더 길어질 수 있다. 즉 고무줄 각각의 인장력은 취향을 추구하기 위한 선별과 취사 능력과 같다.

예를 들어, 그리 넉넉하지 않은 살림에 몇 년 동안 힘겹게 모은 가처분 소득의 대부분을 해외여행에 소비한 두 사람이 있다. 먹고사니즘에 지친 자신들에게 선물하는 거란다. 한 명은 주로 SNS에서 최근 가장 핫한 유럽의 여행지를 고른 후 그곳의 줄 서는 맛집을 예약하고 유명 호텔을 숙소로 정했다. 유행의 첨단에 서 있어야 마음이 편해서다. 다른 이는 캐나다 옐로우 나이프의 오로라를 감상하거나 공포의 드레이크 해협을 지나 남극의 정취를 만끽한다. 가능한 인간의 문명에 예속되지 않은 자연을 찾아서다.

두 여행 중 어떤 것이 더 유익했는가를 따질 수는 없다. 그런데 전자는 개인적 취향보다는 남들 또는 대세 트렌드를 좇는 행위다. 유행에서 뒤쳐지면 안 된다는 조바심은 물론 그렇게 될 경우 생겨나는 열패감을 막기 위한 일종의 심리적 방어기제가 작용한 것이다. 아니면 진짜 자기 취향이 결여된 것으로 볼 수 있다. 반면 후자는 오롯이 자신의 취향에서 선택되고 행해진 행위다. '아무나 다 가는 유럽 갈 때 난 남극 가서 펭귄 만났다'라는 문화적 과시가 아니라면 가격에 따른 호텔, 음식의 비교도 없을 것이며 남들에게 보여줘도 (핫한 비치에 비해) 별다른 감흥이 없는 오로라 사진 한 장에 혼자 흥분하며 그날의 장소성을 늘 기억할 것이기 때문이다.

이러한 '주관적 발견과 만족'이 고유한 개인의 생활 방식에 일관된 '취향'으로 자리 잡는다면 저가 범용 상품도, 고가의 핫아이템도, 유니크한 레어템도 그에게는 모두 똑같은 '의미'로 다가설 것이다. 과시가 아닌 만족으로 말이다. 결국 진정한 취향의 발견과 소비는 타인을 향한 시선보다는 자신이 추구하는 가치관과 라이스타일을 통해 펼쳐져야 한다.

취향은 취미다

"취미가 무엇인가요?"라는 질문은 과거 소개팅이나 미팅을 할 때 지겹도록 묻던 말이다. 답변도 지겹도록 비슷했다. 식상한 워딩들 있잖은가. 음악 감상, 독서, 영화 보기 등등. 취미는 영어로 'hobby'다. 이는 아이들이 말을 타는 흉내를 내며 놀기 위해 만들어진 나무 모양의 말 'Hobby horse'에서 유래되었다. 그래서 '즐기기 위해서 혹은 재미로 좋아하는 일'을 의미한다. 그런데 우리가 쓰는 취미에는 '마음에 끌려 일정한 방향으로 쏠리는 흥미'와 '아름다움이나 멋을 이해하고 감상하는 능력'도 포함된다. 그래서 맛, 취미, 취향을 의미하는 독일어 'Geschmack'와 영어 'sense of taste'에 가깝다. 왜냐하면 취미는 뜻 취趣와 맛 미味로 구성되어서다. 그렇다면 취향은 취미다.

이렇듯 섬세한 입맛을 가리키던 '취미'란 말은 17세기 중반에 이르러 선과 악 그리고 아름다움과 추함을 식별하는 능력의 은유로 사용되기 시작했다. 즉 미를 식별한다는 의미로 쓰이기 시작한 것이다. 왜 하필이면 오감의 하나인 맛$_{taste}$을 그 은유로 택했을까?

이는 근대의 궁정문화 그러니까 르네상스 이후 중세의 거칠고 투박한 기사들이 궁정의 세련된 음식 문화와 교양 예절에 의해 문명화됨으로써 섬세한 감각과 고급 취향을 가진 근대인으로 거듭났기 때문이었다. 즉 '취미의 고상함'은 곧

'문명화'를 의미한다. 17세기 스페인의 작가 발타사르 그라시안의 저서 《세속적 지식의 기술 El Arte de la Prudencia》이 이 '고상한 취미'의 전파에 혁혁한 공을 세웠다. 그런데 그가 말한 '취미 taste'는 문학예술뿐만이 아니라 세상 모든 것에서 섬세함과 세련됨을 알아보는 능력이었다.

프랑스에서 시작된 이 미각의 은유는 유럽의 모든 나라로 확산되고 영국의 철학자들에 의해서 미학적 개념으로 발전되기 시작했다. 18세기 당시 시각, 청각, 미각, 후각, 촉각의 오감은 정신과 분리된 신체적 외감으로 치부되었는데 맛에서 비롯된 취미는 그것들과 따로 구별하여 내감이라 불렀다. 다시 말해서 취미는 오감에 이은 6감이지만 오감처럼 직접 감각이 아니라 오감에 의해서 지각된 감각 인상이 내감에 의해서 판단되는 일종의 직관으로 본 것이다. 결국 미의 지각은 이성의 통제 아래 내감에서 이뤄진다는 논리를 갖춤으로써 학문의 영역인 미학 aesthetic에 귀속되었다.

취미, 그러니까 취향은 기본적으로 감각에서 비롯된다. 인류의 감각에 대한 연구는 탈레스를 필두로 한 고대 밀레토스 학파의 물활론 hylozoism에서 시작된다. 물질이 감각을 하고 사유도 했다는 거다. 그러다가 플라톤 시대에 와서 영혼은 육체에서 분리된 것이라 믿게 되면서 감각은 완전히 이성에 종속된다. 급기야 근대에 들어서 데카르트의 심신이원론 'Cogito erg Sum 나는 생각한다. 고로 존재한다.'에 의해서 인간은 졸지에 육체에서 분리된 영혼이 되어버렸다.

하지만 20세기에 들어서면서 하이데거의 해석학, 메를로퐁티의 신체현상학, 플레스너의 감성학과 슈미츠의 신현상학 등이 정신과 신체, 사유와 물질, 주체와 객체, 인간과 동물이라는 이분법을 무너뜨리고 태고의 지점으로 다시 되돌아간다. 즉 감각의 이론이 먼 길을 돌아 밀레토스 철학자들의 물활론으로 돌아온 것이라고 볼 수 있겠다.

위스키 센스 앤 센서빌리티

이 장을 마무리하기 전, 술 이야기를 짤막하게 하나 더 하려고 한다. 센스sense는 오감을 통해 바깥의 어떤 자극을 알아차리는 감각을 말하고, 센서빌리티sensibility는 외부로 인한 자극을 받아들이는 성질인 감수성을 의미한다. 하나 더하자면, 센시티비티sensitivity는 자극으로 인한 변화와 욕망인 감성을 뜻한다. 이렇듯 이과 대치되는 감성과 그 식구들이 있다. 인류의 발전을 이성의 총아인 과학과 철학이 이끌었다지만 우리네 일상과 삶에 엮어 있는 희노애락은 감성과 감정의 산물이다.

이러한 노여움을 풀고 슬픔을 달래며 기쁨을 누리고 즐거움을 같이 하기 위해서 우리는 술을 마신다. 고로 술은 감성의 동반자다. 알다시피 술도 각양각색이다. 그중 과거 아저씨들의 전유물이었던 위스키가 요즘에는 2030 세대의 핫아이템이 되었다.

세대교체가 이루어진 까닭은 다름 아닌 변화된 문화 덕분이었다. 취하기 위해 마셨던 과거의 음주문화와는 달리 지금은 즐기기 위해 마시기 때문이다. 기성세대는 왜 취하는 데 집중했을까? 집단의식의 고취가 중요했던 탓이다. 그렇다면 작금의 젊은 세대는 무슨 이유로 즐기는 데 방점을 두었을까? 자기 주도적 삶의 만족이 중요해서이다. 그러다 보니 다양한 위스키 하나하나가 궁금해졌고 그것들의 퍼포먼스 그러니까 풍미는 말할 것도 없고 개별적 스토리텔링에도 관심을 두게 된 것이다.

물론 모든 위스키 러버가 자기만의 독특한 마우스필을 가진 것은 아니다. 이 세계에도 유행과 트렌드가 있어서 이를 따르는 이들도 상당하다. 그래서 스스로 위린이라 칭하는 위스키 입문자들은 스카치 싱글몰트의 대표적인 브랜드를 먼저 찾는다.

발베니와 맥켈란

위스키 입문자들에게 가장 많은 사랑을 받는 위스키로 발베니 Balvenie 와 맥켈란 Macallan 을 꼽는데 이의를 제기할 사람은 별로 없을 듯하다. 위스키 고인물들은 둘 다 과거와 달리 맛이 변해서 별로라고 하지만 말이다.

각 브랜드별로 어떤 캐스크에 숙성했느냐에 따라 천차만별의 풍미를 가지지만 그들 각각의 시그니처 향과 맛이 있다. 발베니는 주로 버번 캐스크를, 맥켈란은 셰리 캐스크를 사용하기 때문이다. 버번 캐스크는 숙성시켰던 버번위스키의 주된 재료인 옥수수의 달달함 그리고 바닐라와 카라멜 풍미가 물씬 나는 어메리칸 오크의 맛을 지닌다. 반면 셰리 캐스크는 상큼한 포도 과실을 녹진한 달콤함으로 변모시킨 주정강화와인 그리고 스파이스(매운맛)와 건과일의 복합적 맛을 가진 유러피언 오크의 특징을 품는다. 그래서 이들 통속에서 오래 숙성되었다가 병입과 함께 세상에 나오면 다음과 같은 풍미와 감성을 선사한다.

발베니는 화사하고 싱그러운 풀로럴 향과 은은하고 달달한 꿀맛이 일품이다. 그래서 따뜻한 봄날 엑상 프로방스 스타일의 테라스 레스토랑에 마련된 우아한 브런치가 연상된다. 그 자리에는 아마도 배우 제니퍼 로렌스가 앉아 있을 것 같다. 맥켈란은 건과실과 청사과의 내음과 살짝 녹진한 향신료의 맛이 달콤하게 다가온다. 마치 청명한 가을 오후에 도심의 세련된 카페 혹은 바에 온 듯한 감성을 이끈다. 그리고 운이 좋다면 리즈 시절의 제니퍼 코넬리를 만날 듯싶다.

6장

나만의 애호를 살아내는 법

물질주의와 성과주의가 만든 서열화된 비교 문화 속에서도, 현대인들은 점차 자기 주도적인 라이프스타일을 추구하며 의미 있는 삶의 방향을 모색하고 있다. 과거, 벼농사 기반의 공동체 문화는 관계 중심적 사고를, 밀 농사 기반의 문화는 개인주의를 촉진하며 각기 다른 사회적 성향을 형성했다. 이는 문자와 도구를 통해 외부화된 지성을 확장시켜온 인류의 집단지성 발전과도 맥락을 공유한다.

오늘날, 디지털 시대의 젊은 세대는 케이팝을 통해 단순 소비자를 넘어 문화의 공동 창작자로 성장하며, 로컬 바이브와 애호를 통해 자기만의 정체성과 취향을 드러내고 있다. 이제 진정한 라이프스타일은 남들과의 비교가 아닌, 자신이 사랑하고 몰두하는 것을 통해 얻는 만족과 행복에서 출발한다.

결국 자기 주도적 삶이란 아무도 묻지 않은 질문을 던지고, 그 답을 집단 속에서도 스스로 탐색하며, 창의력과 애호를 기반으로 고유한 삶의 층을 쌓아 올리는 것이다.

쌀 농사는 관계주의
밀 농사는 개인주의

    직접 재배한 농작물로 술을 만드는 두 사람이 세계 증류주 박람회에서 만났다. 대한민국 경기도 이천에서 쌀을 재배하고 그것으로 쌀 소주 Rice Soju를 만드는 갑근 씨와 미국 켄터키주에서 밀을 재배하고 그것으로 밀 위스키 Wheat whiskey를 만드는 리처드 씨가 그 주인공이다. 만남의 자리에서 둘은 서로의 술을 권한다. 한두 잔 주고받다가 말겠지 했는데 끝을 모른다. 리처드 씨가 묻는다. "More whiskey?(위스키 더?)", 갑근 씨도 말한다. "Drink more?(더 드시겠수?)"

    그냥 놔두면 둘 다 행사장에서 쓰러질 듯싶어 행사 요원 한 명이 이들에게 말을 건넨다. "제가 두 분에게 재미있는 퀴즈를 내겠습니다. 정신 똑바로 차리시고 질문에 답해주시기 바랍니다. 소와 닭 그리고 풀이 있습니다. 이 셋 중에서 관련이 있는 것 두 개를 골라주세요." 리처드가 먼저 대답한다. "당연히 소와 닭 아닙니까?" 그러자 갑근 씨도 답한다. "소와 풀 아입니꺼?"

사실 정답은 없었다. 소와 닭을 고른 리처드는 같은 동물이라는 유사성 즉 범주category를 생각했던 것이고, 소와 풀을 선택한 갑근 씨는 풀을 먹는 소 그러니까 관계relationship을 본 것이다. 술을 권했을 때도 마찬가지다. 리처드는 명사인 위스키에 집중했고, 갑근 씨는 동사인 마시는 행위를 중심으로 말했다.

가상으로 지어낸 이야기지만 여러 근거가 있다. 소와 닭, 그리고 풀 셋 중 두 개를 하나로 묶는 실험은 인류학자 리차드 니스벳의 《생각의 지도》에서도 나오는 내용이다. 그는 저서에서 서양의 범주 중시 사고와 동양의 관계 중시 문화를 다뤘다. 벼농사와 밀 농사에 종사하는 가공의 두 인물을 이야기에 등장시킨 이유는 시카고대학의 행동학자인 토머스 탈헬름 교수의 연구 〈벼농사와 밀 농사에 따른 문화적 차이의 증거〉를 설명하기 위함이었다.

탈헬름 교수에 따르면, 벼농사는 집단주의를 밀 농사는 개인주의를 발달시켰다. 벼농사는 물이 어느 정도 고여 있어야 자란다. 따라서 벼농사에는 관개 즉 물 대기가 필수다. 그래서 논에 물길 작업을 해야 하는데 이때 많은 인력이 필요하다. 즉 자연스럽게 공동체가 형성된 것은 물론이고 집단의 협력이 필요하니 집단이 우선시되는 정서가 고착된 것이란

탈헬름 교수의 연구 〈벼농사와 밀 농사에 따른 중국의 심리적 차이〉 (출처: Science)

다. 반면 밀 농사는 맨땅에서 자라기 때문에 관개 따위가 필요 없다. 또한 많은 사람의 협력도 최우선이 아니니 같이 모여 살 필요도 없었다는 것이다. 따라서 개인적인 생활 방식이 자리 잡게 되었다고 분석한다.

이는 서양 대 동양으로만 대치되는 것이 아니다. 중국의 경우 양쯔강을 기준으로 쌀을 재배하는 양쯔강 남쪽은 집단주의가, 밀을 재배하는 북쪽의 경우는 개인주의가 발달했다는 것을 여러 실험으로 증명한다. 환경결정론에 천착한 제레드 다이아몬드 교수도 이에 한몫 거둔다. 한국과 일본은 공동체 중심적이고 유럽과 미국이 개인주의적인 이유를 해당 국가들의 농업의 역사와 관련시킨다. 탈헬름 교수의 주장과 비슷하게 말이다.

물론 이 주장이 100% 맞다고 보기는 어렵다. 농사 방식의 차이라는 상당히 간소화된 이분법적 기준에 머물러서다. 알다시피 서구 개인주의의 발달이 근세 이후 계몽철학과 자유주의(개인 자본의 소유)의 등장에 의해서 대두되었다는 입장 역시 지배적이지 않은가.

그러나 서구적 사유의 핵심 그러니까 개인주의individualism, 합리성rationalism 그리고 공평성fairness이 불과 20여 년 전만 하더라도 우리의 집단적 관계주의 안에서는 쉽게 찾아볼 수 있거나 용인될 수 없었다는 점은 인정할 만하다. 90년대 이후 대중 소비문화와 라이프스타일의 대부분은 이미 서구적으로 탈바꿈되었음에도 가족, 직장에서의 인간 관계는 삼강오륜의 미덕이란 강한 자력에서 벗어나지 못했었기 때문이었다. 그런데 지금은 어떠한가. 젊은 세대와 10대들은 이미 서구화된 정신적 소프트웨어를 장착했고 기성세대들은 여전히 서양화된 하드웨어만 착용하고 있을 뿐이다. 그래서 빵 먹는 이들과 쌀 먹는 이들 간의 세대 갈등은 사회 곳곳에서 폭죽처럼 터지고 있다.

변화의 원동력은 젊은 친구들이 가졌는데 운전대와 곳간의 열쇠는 기성세대가 쥐고 있다. 이제는 정말 쌀 농사꾼이 밀 농사 종사자들을 잘 이끌고 그들의 정서를 보듬듯 헤아려야 하는데, 난감한 일이다.

한국인은 관계주의가 맞을까?

KBS의 강연 프로 〈다음이 온다. 격차의 시대〉 중 1부 '한국 사회 DNA, 갈등을 넘어'를 시청했다. 강연자는 고려대 심리학과 허태균 교수인데 기존의 상식을 뒤엎는 이야기가 있어서 매우 흥미로웠다. 그의 말에 따르면 사실 한국인은 집단주의도 개인주의도 아니란다. 관계주의가 한국인의 문화 정체성의 DNA라는 것이다.

그러면서 예를 들은 것이 '기계의 부품'이었다. 기계의 부품은 제 역할이 고정되어 있다. 그래서 수명을 다하거나 고장이 나면 교체하면 그만이다. 그 부품이 다른 부품과의 상호협력을 하거나 다른 일을 하고 그러지는 않는다. 그러면 기계가 돌아가지 않기 때문이다. 딱 정해진 일을 더도 덜도 말고 정확히 수행하는 것이 부품의 임무이다. '집단주의'는 그렇게 매뉴얼화된 각자의 역할의 총합에 의해서 움직인다. 그래서 한국 사회가 집단주의적 문화를 가졌다고 이야기하는 것은 이치에 맞지 않다는 논리를 편다. 구세대나 신세대 모두 다 지극히 관계주의 문화를 이룬다는 것이다.

'관계주의'는 사회 구성원들이 1대1의 친밀한 관계에 근거해 역동적으로 생각과 행동에 영향을 주고받는 심리 경향을 말한다. 한국인의 관계주의 성향은 식당에서 메뉴를 정할 때부터 IMF 외환위기나 코로나19 등 국가적 위기 상황에서도 분명하게 드러났다는 것이다. 즉 정해진 틀을 벗어나 유연하게 사고하고, 뛰어난 현장 적응력으로 문제를 해결하는 관계주의 성향은 지금까지 한국 사회를 발전시키는 데 큰 원동력이 되어 왔다고 말한다.

또한 한국 사람들이 '최신, 최고급, 비싼, 빠른, 큰, 가벼운' 등에 유독 집착하는 경향이 있는 까닭은 '불확실성 회피 성향' 때문이란다. '눈에 보이고 확실한 것을 주로 따지기 때문에' 모호하고 진척이 안 되는 상황을 참지 못한다는 것이다. 그래서 눈에 보이는 것을 중시하는 사고방식과 행동이 현재의 엄청난 경제적 발전을 가져왔다는 것이다. 반면에 더 나은 물건을 가지고 싶어 하는 욕망은 특유의 성공 지상주의, 결과주의 그리고 가장 무서운 물질주의를 낳았다는 것이다.

아이러니하게도 우리의 불확실성 회피 성향은 성공과 비극이란 양면성을 가지는 셈이다. 이에 매우 공감한 이유는 내가 가진 고민과 맞닿았기 때문이다. 왜 우리는 잘 사는 나라가 되었음에도 개인의 취향, 자기 주체적 사고, 창의성과 다양성 등이 다른 선진국들에 비하여 상당히 결여되었는지, MZ세대가 여기서 비교적 자유롭다 해도 특히 선진국 중 물질주의 추앙이 유독 높은지에 대한 의문이었다. 이 의문의 실마리를 풀어줄 수도 있겠다는 생각이 들었다.

그동안 그 원인을 우리 민족이 주체가 된 근대가 없었기에 자유주의 가치가 스며든 시민계급이 형성되지 못했던 것으로 추정해 왔다. 그런데 관계주의와 불확실성 회피 문화에 원인을 돌린다면 구한말까지 거슬러 올라갈 필요도 없이 6·25전쟁 이후 베이비부머 시대인 1960~1980년대의 관계성 집단주의(전승되어 온 편향적 유교문화, 불확실성 회피 정서)를 파헤쳐봐도 될 것 같다.

그런데 집단주의에 대한 그의 정의가 일반적으로 받아들여지는 개념과 다소 차이가 있다는 생각이 든다. 예를 들어, 네덜란드의 문화심리학자인 헤이르트 호프스테더 Geert Hofstede의 '문화 차원 이론 cultural dimensions theory'에 언급된 집단주의와 개인주의를 살펴보면 집단주의의 성격 중 'Relationship prevails over task'라는 항목이 나온다. 즉 '관계성이 일보다 앞선다'는 것이다. 달리 말하면, 집단주의 성향 중에 관계주의가 깊숙이 자리하고 있다는 분석이다.

따라서 관계주의를 집단주의와 분리시키고 집단주의를 상호 관계성이 없는 특징으로 이야기하는 것은 다소 무리일 수도 있다는 생각이 든다. 상식적으로나 학문적으로나 집단주의라는 개념에는 개별적 부품의 역할로써의 합체와 더불어 하나의 끈끈한 네트워크 관계망 역시 무시할 수 없기 때문이다. 그래서 그냥 '한국인 특유의 관계성 집단주의'라 불렀으면 어땠을까 하는 아쉬움이 든다.

집단지성의 힘

인간의 뇌는 860억 개의 뉴런을 가지고 있다. 89억 개를 가진 침팬지보다 10배 정도 많다. 따라서 인간이 지구상에서 가장 뛰어난 지배종이 된 이유가 그 잘난 뇌 덕분이란 사실을 우리는 상숫값으로 받아들이고 있다.

여기 무척 흥미로운 실험이 하나 있다. 생후 30개월 된 인간과 침팬지의 인지 능력 비교 검사를 한 것이다. 놀랍게도 공간, 수량, 인과 능력 면에서 양쪽 모두 비슷한 성적을 냈다. 심지어 도구 사용에서는 침팬지가 훨씬 앞섰다. 예상 밖의 결과였다. 다만 여기서 인간 아이가 이긴 단 하나의 항목이 있었다. 바로 '사회적 학습 능력'이다.

이를 두고 《호모 사피엔스, 그 성공의 비밀》의 저자인 하버드 대학의 인간 진화생물학 교수인 조지프 헨릭은 인간이 새로운 환경에 즉흥적으로 적응하기 위한 어떤 본능적인 능

기억의 외재화와 신체의 외부화 (생성형 AI 미드저니를 이용한 그림)

력을 갖추고 있거나, 단순 지능이 높기 때문이 아니라 우리가 '문화적인 종'이었기 때문에 살아남을 수 있었다고 이야기한다. 다른 동물에 비해 높은 사회적 학습 능력을 갖추고 남을 본받으며 노하우를 축적함으로써 개인의 독창성과 경험만으로는 결코 알아낼 수 없는 수준의 문화를 만들어 냈다는 것이다. 즉 인간은 문화와 공진화를 해 온 셈이다.

그렇다면 노하우의 축적은 구체적으로 어떻게 이루어졌을까. 말로 전달하고 기억에 의존하는 것에는 분명 한계가 있었을 것이다. 그래서 인류가 만든 것이 문자다. 우리가 선사와 역사 시대를 구분하는 기준으로 기록의 유무를 따지는데 즉 문자로 시작하는 역사 시대는 곧 문화, 문명의 시대다.

문자는 도구다. 인간의 기억을 외부에 두는, 외부화의 시스템인 것이다. 기술 철학자 베르나르 스티글레르는 인류의 이러한 능력을 '후천성 계통발생$_{epiphylogenesis}$'이란 용어로 설명한다. 인류와 기술은 하나로 합친 단위의 형태로 계통 발생적 진화가 진행되고 있다는 말이다. 궁극적으로 대뇌피질과 도구의 발전이 함께 이뤄졌다는 점에 주목한다. 즉 이러한 인간 기억의 외재화와 신체의 외부화가 인간을 근본적으로 변화시켜 지구상 최고의 포식자에 오르게 한 것이다.

문자는 인쇄술의 발달에 힘입어 더욱더 사회적 소통의 도구로 각광을 받았으며 이제는 월드와이드웹에 올라타 날개를 달더니 SNS와 만나 승천했다. 2024년 8월 한 달 동안 카카오톡 사용 총시간이 327억 3천만 분이란다. 1,174억 분의 유튜브에 밀려 2위를 차지했지만 그럼에도 놀라운 결과다. 사람들은 소통 없이는 못 살며 커뮤니케이션의 매개가 문자란 것을 여실히 증명한 셈이다.

만약에 각 세대가 앞서 축적된 정보를 물려받지 못하고 모든 걸 처음부터 배워야 했다면 어땠을까. 아니 정보를 축적하는 기술이 과연 뛰어난 개인 몇 명에 의해서 만들어졌을까? 사회적 학습이라는 집단 지성을 통해 발전할 수 있었을 것이다. 식량 자원이 풍부한 곳, 자연재해나 동물의 위협으로부터 안전한 장소 등에 관한 정보는 공유되고 그 밖의 유용한 것들 역시 모으고 축적되면서 더 좋은 양질의 정보를 구축했을 것이다.

이러한 사실들을 통해 깨달을 수 있는 점이 있다. 근대 역사를 돌이켜볼 때 개인주의가 자본주의의 발전에 미친 영향력을 절대로 무시할 수 없다. 하지만 인류 발전의 전체 역사를 톺아본다면 인간은 개인의 역량보다 연대를 통해서 자신의 능력을 극대화시킬 수 있었다는 점이다.

지성을 함께 읽는 법

그래서 독서할 때도 여러 권의 책을 함께 읽는다. 어느 날은 서점가의 신간 코너에 보기 좋게 놓인 같은 듯 다른 세 권의 책을 만났다. 모종린 교수의 《크리에이터 소사이어티》와 송길영 작가의 《시대 예보》 그리고 매년 등장하는 김난도 교수의 《트렌드 코리아》였다. 세 권의 책에서 공통점을 보았다. 개인 그러니까 '주체로서의 나'를 다뤘다는 점이다.

먼저 송 작가는 급변한 사회 시스템이 가져올 가장 큰 변화는 '나'의 이름을 찾고 서로의 이름을 불러주는 '호명사회'의 도래라고 말한다. 다소 추상적인 표현이라 풀어 설명하자면, 대량생산 시스템의 그저 한 일원이었던 '그'가 이제 '자기 이름'을 가지고 누구도 착취하지 않는 대등한 연대로 결속하여 자기 주도적 삶을 누린다는 것이다. '그'는 송 작가의 전작에서 제시되었던 '핵개인'을 뜻하며 '자기 이름'은 '자립된 자기 경쟁력'을 말한다.

그런데 다소 낯익다. 이는 현재 우리 사회에서 '나다움'을 갖춘 개인들이 '느슨한 연대'를 통해 개성, 자기표현, 다양성, 삶의 질, 사회적 윤리 등을 중시하는 새로운 라이프 스타일 추구를 시작했음을 알린 모종린 교수의 《인문학, 라이프 스타일을 제안하다(2020)》와 궤를 같이하기 때문이다. 그래서 무척 반갑다. 왜냐하면 그들만의 개성과 다양성을 추구한 2030 세대의 라이프 스타일은 지적 담론의 영역에서 그저 상업시스템에 기반한 소비 행각으로 취급되고 폄하되었기 때문이었다.

사실 그럴 만도 했다. 예를 들어, 뜨는 골목길만 봐도 휘발성 유행이 유영하는 핫플레이스로 소개되고 힙스터들의 의류, 액세서리, 신발은 SNS에서 잇템으로 소비되었으니 말이다. 정작 부각되어야 할 그 저변의 독창적 크리에이터, 연대적 커뮤니티 그리고 생산적 콘텐츠에 주목한 이들은 소수에 지나지 않았다.

반면 김난도 교수의 책에서의 개인은 앞서 언급한 '소비 주체로서의 나'를 좀 더 부추기는 인상이다. 이 책이 말하길, 앞으로 공들일 키워드는 '아보하'란다. '아주 보통의 하루'의 줄임말로써 무난하고 안온한 일상의 삶을 말한다고 한다. 그

런데 이렇게도 말한다. 트렌드 코리아 2018에서 제시했던 '소확행(작지만 확실한 행복)'에 대한 피로이자 반발로 생긴 문화란다. 자기들이 투척한 워딩으로 한동안 재미를 보다가 이젠 대체어가 내세운 모양새다.

크리에이터의 지성을 모은 소사이어티

성수동과 연희동 골목길에는 갤러리, 공방, 카페, 레스토랑, 베이커리, 독립서점, 복합 문화 공간 등이 뽐내듯 또는 다소곳하게 자리 잡고 있다. 이 경관을 보고 SNS 인플루언서라면 사진빨을 제일 잘 받을 곳이 어디일까를 고민할 것이고, 예술가라면 영혼이 잠시 쉬기에 최적인 곳을, 부동산업자라면 임대료 수입이 가장 기대되는 상가를 생각할 것이다. 반면에 스마트 시티 개발론자라면 이곳을 싹 밀어버리고 최신식 주거 스타일과 첨단 ICT 인프라를 갖춘 어반 스몰 빌리지를 세우면 어떨까 하는 상상을 할지도 모른다.

그런데 기존의 갤러리, 공방, 카페, 서점, 복합 문화 공간 등 물리적 공간은 그대로 두고 이를 온라인 플랫폼과 커넥션을 만들어 상품 판매, 구독 서비스, 전시와 커뮤니티 서비스 등을 도모하고, 이곳의 상권과 생활권 등을 창의적으로 활용해 새로운 문화와 경제적 가치를 만들어내는 이들이 있다. 이름하여 '크리에이터들'이다. 그리고 이들이 활약하는 시 공간의 거점과 시스템을 이른바 '크리에이터 소사이어티'라고 명명한 이가 있다. 바로 경제학자 모종린 교수다.

그가 이야기하는 크리에이터는 유튜브, 인스타그램 등의 디지털 플랫폼 기반의 '온라인 창작자'에 국한되지 않는다. 실제 물리적 공간에서 대면 상호작용을 함으로써 상대와의 강한 연결을 구축하며 상품 판매, 구독 서비스, 전시와 커뮤니티 서비스 등으로 수익을 창출하는 '오프라인 크리에이터'와 한 지역에서 다수의 공간을 연계해 기획하거나 공공의 도시재생 사업을 수행함으로써 해당 지역 전체의 가치를 높이는 것이 '어번 크리에이터'까지 포함한다.

그래서 이들은 빅테크와 AI가 만든 플랫폼에 전적으로 예속되고, 통제되는 디지털 경제의 부품이 아니라 인간 중심의 개인적 창의성과 자율성을 근간으로 하는 크리에이팅 경제의 중심이다.

제인 제이콥스라는 인물이 있다. 그는 20세기 중반 《미국 대도시의 죽음과 삶》이라는 저서를 통해 당시 대두되던 모더니즘 도시계획을 비판하고 인간 중심의 도시를 옹호했다. 자연주의적 삶을 지향하자는 이상주의 환경론자는 아니었다. 오히려 도시 가로수길의 활력, 복합용도의 중요성, 오래된 건물의 가치 등 도시 다양성의 의의를 역설했다. 그래서 1990년대의 뉴 어버니즘, 도시재생, 대안 문화는 2000년대 중반 대도시의 힙스터 문화와 결합해 현대 도시의 창업 문화 그리고 오프라인 크리에이터 문화의 모태가 됐다. '크리에이터 소사이어티'에서 주장하는바 역시 제이콥스와 다를 바 없다.

모종린 교수의 책 마지막 챕터 '나가며'의 제목은 '크리에이터 유토피아를 꿈꾸다'이다. 그리고 저자는 미래의 도시는 크리에이터와 콘텐츠가 동네 단위로 집중된 '크리에이터 타운'의 형태로 재편될 것이라고 전망한다. 그리고 그 안에서 크리에이터들은 '체인지 메이커'가 돼 자신의 창의성으로 사회에 기여할 것이라고 말한다. 전망대로라면 다가올 미래는 SF 소설과 영화에서 보여주는 디스토피아가 아닌 것이다. 인간의 창의력과 자율성을 잃지 않는다면 말이다. 그렇게 가는 것이 살길이다.

'Cool'의 재정의

"Huntrix didn't just save the world, they also saved my Spotify Wrapped.(Huntrix는 세계만 구한 게 아니라, 내 스포티파이 랩드도 구했어.)" 미국 아카데미가 SNS에 남긴 이 짧은 문장은 그 자체로 상징적이다. 단지 한 줄의 유쾌한 찬사에 그치지 않고, 〈케이팝 데몬 헌터스〉라는 콘텐츠가 지금 이 세계와 얼마나 긴밀하게 호흡하고 있는지를 보여 준다. 현재 다수 국가의 넷플릭스에서 1위를 기록한 이 애니메이션은 케이팝이 세계와 맺고 있는 새로운 감정의 구조, 그리고 소통 방식의 진화를 증명한다. 이건 단지 흥행의 문제가 아니다. 바로 감정, 정체성, 연결에 대한 문화적 서사에 관한 이야기다.

하지만 케이팝의 이러한 성취에도 불구하고, 여전히 일부 기성세대는 그것을 '휘발성 대중문화'나 '산업적 전략물'로

치부하곤 한다. 이른바 '먹물 꼰대'라 불리는 오래된 지성들은 케이팝을 신자유주의 시대의 정교하게 조율된 상품이라 진단하며, 문화적 자율성보다는 국가 브랜드 전략에 예속된 존재로 바라본다. 이는 부정할 수 없는 현실이다. 빠른 소비 주기, 반복되는 콘셉트, 기획된 감정이라는 한계는 분명 존재한다. 하지만 그것이 케이팝의 전부는 아니다.

마르크스의 관점에서 보자면, 케이팝은 자본주의의 상부구조 속에서 탄생한 이데올로기적 상품이다. 팬덤은 감정적 에너지를 체제 순응으로 전환하고, 스타 시스템은 현실의 결핍을 화려한 판타지로 덮는다. 그러나 안토니오 그람시는 문화를 저항의 언어로 다시 정의한다. 그는 '대항 헤게모니'의 가능성을 말했고, 케이팝 팬덤은 바로 그 장에서 의미를 만들어 간다. 젠더, 인종, 정치적 이슈를 끌어안는 이들은 단지 수용자가 아니라 새로운 이야기의 생산자다.

막스 베버는 경제 바깥의 문화적 합리성을 주목한다. 케이팝은 단지 산업의 산물이 아니라, 한국의 집단주의, 교육열, 미적 감수성, 기술 친화성이라는 다층적 요소들이 응축된 결과다. 동시에 그는 '탈마법화 disenchantment'를 경고했다. 효율과 규율, 경쟁이 인간성을 잠식할 수 있다는 예언은 현재 케이팝 시스템에서 소진되고 있는 아이돌과 피로해진 팬덤에게서 현실로 드러난다.

그렇다면 케이팝은 무엇인가. 상품인가, 실천인가, 혹은 그

사이의 무엇인가. 이 질문의 대답은 케이팝의 구성 방식, 그리고 그것이 전달하는 감정의 방식에 있다. 케이팝은 문화적 하이브리디티를 통해 다양한 언어를 구사한다. 서구의 팝, 힙합, EDM은 한국적 정서 안에서 재조합되고, 이는 전 지구적 청중과의 새로운 언어가 된다. 팬들은 그 음악을 단순히 '듣는 것'을 넘어 정체성의 일부로 삼는다. 사랑, 상실, 성장, 자아 탐색 같은 보편적 감정을 통해 팬들은 케이팝을 감정의 피난처로 받아들이며, SNS·유튜브·틱톡 같은 디지털 플랫폼은 이 감정의 언어가 전파되고 재해석되는 살아 있는 장이 된다.

특히 Z세대와 밀레니얼 세대에게 케이팝은 문화적 표현 수단이다. 이들은 단순한 소비자가 아니라, 문화의 공동 창작자로 존재한다. 팬덤은 응원 봉만 흔드는 군중이 아니라, 해석하고 확장하며 때로는 정치적 목소리마저 담아내는 디지털 세대의 자화상이다. 반대로 기성세대는 케이팝을 여전히 산업적 성공의 대표 사례, 혹은 가벼운 유행쯤으로 여길 수도 있다. 그러나 문화는 늘 그렇게 세대 간에 다르게 읽히는 것이다. 당대를 살아가는 감정과 기호의 지도는 언제나 움직이고, 케이팝은 그 변화의 교차로에 서 있다. 그 교차점에서 이 애니메이션은 한 단어에 시선을 모은다.

"Cool used to mean pretending nothing hurt. Now it means showing up anyway.(예전에는 아무 일도 없는 척하는 게

멋진 거라고 생각했어. 하지만 이젠, 상처받은 채로라도 무대에 서는 게 진짜 멋이야.)"

영화 속 루미의 이 대사는 이 세대가 쿨하다는 개념을 어떻게 재정의하고 있는지를 보여준다. 완벽한 외형이나 감정의 차단이 아니라, 불안하고 불완전한 나를 인정하는 용기야말로 지금 이 세대가 생각하는 cool이다. "Cool isn't about being perfect. It's about being real—even when it's scary.(멋지다는 건 완벽하다는 게 아니야. 진짜 자신을 드러내는 거지, 비록 그게 무서울지라도.)"라는 이어지는 고백은, 감정을 드러내고 연결되는 방식이야말로 가장 세련된 모습이라는 시대정신을 담고 있다. 조용한 조명과 감미로운 피아노 선율 속, 루미의 떨리는 눈빛은 무대보다 훨씬 깊은 울림을 남긴다.

이 모든 것은 하나로 귀결된다. 문화란 결국 감정의 언어이며, 소통의 기술이다. 18세기 로맨틱 소설이 한때는 조롱의 대상이었지만, 감정 서사와 여성 정체성의 형식으로 재평가된 것처럼—케이팝도 지금 그러한 여정을 걷고 있다. 로맨틱 소설이 독자에게 감정적 몰입과 해방감을 주었듯, 케이팝은 전 세계 팬들에게 자아와 연결되고, 흔들리고, 다시 일어서는 경험을 제공한다. 그 감정의 파장은 국적, 언어, 계급을 넘어선다.

문화 강국이란 수출량이나 트로피의 숫자로 정의되지 않는다. 그것은 자국의 문화가 타자의 감정과 상상력을 건드릴 수 있는 힘, 그리고 그 감응을 함께 해석할 수 있는 감수성과 소통 능력에서 비롯된다. 케이팝은 그 자체로 완결된 문화가 아니라, 우리가 어떤 사회를 꿈꾸고 싶은지, 어떤 인간이 되고 싶은지를 묻는 거울이자 무대다. 그리고 그 무대 위에서, 우리는 여전히 춤추고, 노래하며, 질문하고 있다. 그 사실이야말로, 진짜 'cool'하지 않은가.

로컬 바이브

뉴타운

1960년대 호주 시드니의 뉴타운에서 유년 시절을 보낸 Baz Scott는 그 당시 이곳이 "매우 매우 노동자 계급 very, very working-class"의 동네였던 것으로 기억한다. 그러다가 여러 해를 보내면서 이곳에 펑크족, 인디 로커, 고쓰족, 게이 커뮤니티 피플 그리고 힙스터들이 정착했다가 이주를 하면서 그들이 어떤 방식으로든 남긴 것들을 목도했다. 아마도 문화적 다양성의 채색과 더불어 본래 낙후된 곳이 중산층 거주지와 핫한 공간들로 바뀌면서 본래 정착자들을 떠나게 만든 젠트리피케이션 현상을 말하는 듯하다. 현재 그는 뉴타운에서 25년째 egg records란 이름의 숍을 운영하고 있다.

위의 내용은 구글링을 통한 해외 칼럼에서 알게 되었다.

호주 시드니 뉴타운의 모습

시드니 여행 중 가볼 곳 한 군데가 뉴타운이라서 국내 블로그와 유튜브 등을 살펴봤지만 정보의 대부분은 마치 잘 나가는 영화 한두 편으로만 편성된 멀티플렉스 극장처럼, 누가 정했는지는 알 수 없는 시드니 3대 커피 중 하나인 캄포스 커피 본점 방문기에 편중되어서다.

뉴타운은 같은 도시재생 타운이란 점에서 시드니의 서리힐surryhills과 사촌 지간처럼 보이나 거리의 풍경과 샵들은 물론 오고 가는 사람들의 모습이 무척 다르다. 이런 모습은 뉴타운 역시 마찬가지다. 뮤럴 아트로 불러도 좋을 만한 그래피티로 도배된 담벼락, 동네 팬덤이 확고한 인디 뮤지션의 아지트 같은 뮤직 바, 벨벳 언더그라운드 출신 루 리드의 음반이 멋스럽게 걸려있는 빈티지 레코드샵 그리고 너바나와 스투시 티셔츠가 나란히 도열 된 옷집 등을 통해 이곳이 개성 강한 힙스터들의 동네란 점을 직관한다. 그래서 유독 동양인 웨이팅이 많은, 핫하다는 카페와 예쁘고 아기자기한 굿즈가 돋보이는 소품샵은 딱 몇 군데에 한정된다. 이 로컬의 주연이 아니라는 거다.

로컬 주민이 원하는 삶은 제각각이다

동아일보의 칼럼 〈로컬 없는 로컬 가게들… '씁쓸한 편리함'만 남다〉(박찬용)을 읽었다. 평소 로컬 그러니까 걷고 싶은 골목길을 즐기고 응원했기에 여러 생각이 들었다.

글쓴이 박찬용 에디터의 주장은 '일상적 상업 공간이 나간 자리에 비일상적 시간을 보내는 식당이 왔다'라는 본문의 한 문장으로 축약된다. 여기서 일상적 상업 공간은 그곳 주민들이 일상 속에서 늘 밀접하게 관계를 맺던 곳이다. 비상용품을 사거나 아침 대용 음식을 구입하던, 실제적 실용의 공간 말이다. 반면 비일상적 시간을 보내는 곳은 호사로운 여유와 소비를 은유한다. 부정적인 의미가 아니라 간헐적 경험이 일상의 경험이 될 수 없음을 말한 듯하다.

결국 평범한 동네 주민들의 일상에 비범한 일상이 침범한 것이다. 더군다나 규모의 경제로 움직이는 온라인 상점 때문에 사라진 그 평범한 공간에 말이다. 그래서 그 침입자들에게 로컬이란 말을 함부로 쓰지 말라는 경고 또는 조롱으로

써 '로컬호소숍'이란 이름을 부여한다. 로컬은 그곳 토박이들과 주민들의 정체성이 되어야 하기 때문에 말이다.

그런데 글쓴이는 시모키타자와에 가서 감성적인 브랜드 편집샵 'STEPS'과 'Reload', 프랑스 파리의 'PAPIER TIGRE' 제품을 파는 'desk labo' 그리고 인스타에서 핫한 편집매장 빔즈플래닛 등을 보지 못했나? 인스타그래머들이 출몰하는 공간 어디에서나 볼 수 있는, 뜨는 동네라면 어디에나 존재하는 그런 브랜드들이 국내 '로컬 호소샵'보다 더 로컬답고, 시모키타자와 주민의 일상에 밀접한 브랜드냐 이거다. 그리고 글쓴이가 안타깝게 생각한, 자신의 동네에서 사라진 떡집과 철물점에서 과연 시모키타자와의 빈티지 옷 가게와 헌책방 같은 노포에서 풍겼던 개성, 진지함, 여유로움의 냄새가 있었을까?

결국 중요한 점은 로컬의 정체성이다. 그곳 거주민들의 라이프 스타일과 그들의 일상에 스며든 상업 공간의 특성 말이다.

다시 《버터밀크 그래피티》를 떠올리자면, 책에서는 뉴올리언스를 묘사하며 이런 로컬의 정체성을 잘 보여준다. 그는 "뉴올리언스는 프랑스인이 설립하고 스페인이 통치했으며 미국인이 매입한 항구 도시로 서아프리카, 아프리카 카리브해 후손, 독일인, 시칠리아, 아일랜드인의 문화적 영향을 받은 곳이다. 미국에서 가장 인종, 문화적으로 진화한, 여러 언어가 횡행하는polyglot 도시이자 약간의 흠집은 있으나 매혹적인 유토피아"라고 표현했다. 다양한 문화가 만나 부딪치고 밀고 당기는 과정에서 탄생한 독특한 도시의 정체성을 음식을 통해 드러낸 것이다.

우리의 경우, 아파트가 주거 공간의 중심이 되기 이전의 시대에는 다수의 단독주택과 소수의 연립주택들이 중심을 이루고 재래시장, 작은 병원, 전자제품 대리점, 약국, 철물점, 전파사, 서점, 구멍가게 등이 일상적 상업 공간의 역할을 해냈다.

이후 어떻게 되었을까. 아파트 시대가 도래하자 개성과 차별성을 드러낸 일부 상업 공간을 제외하고는 모두 대형마트와 온라인 샵에 흡수되었다. 더 싸고 다양한 제품들을 언제라도 만날 수 있어서다.

다시 말해서, 생활 속에서 반복적으로 늘상 소비되는 저관여 소비재들은 경제발전과 세대교체와 같은 시대의 변화에 부합한 유통 구조에 발을 맞출 수밖에 없었다는 점이다. 즉 어느 동네에서나 흔히 볼 수 있는, 대량으로 생산되고 공급된 제품들과 그것을 판매하는 가게들을 로컬의 정체성으로 볼 수 있냐는 말이다.

오히려 나름의 개성과 취향을 갖췄기에 살아남거나 탄생한 독립 서점, 베이커리, 커피숍, 게스트 하우스, 편집숍, 복합 문화 공간 등이 특정 로컬을 대변하는 일상적 공간일 수 있다. 반면 그런 공간들을 비일상적 공간이라 생각하는 사람들은 재개발된 지역에 번듯하게 세워진 주상복합아파트에 입성하여 1층 상가에 가지런히 도열한 크린토피아, 파리바게뜨, 주노헤어, GS24 편의점 등과 온라인 앱 쿠팡이츠를 사용하면서 일상의 행복감을 맛볼지도 모른다.

로컬 주민이 원하는 삶은 제각각이란 말이다.

군산이라는 로컬

수도권에서 차를 몰고 약 3시간을 달려야 갈 수 있는 인구 25만 명의 지방 도시 군산. 이곳은 손꼽히는 전국구 관광지가 아니다. 그럼에도 불구하고 영화 덕택에 대중들의 뇌리에 잘 각인되었다.

〈장군의 아들〉, 〈8월의 크리스마스〉, 〈박하사탕〉, 〈타짜〉, 〈신세계〉 등 인기 영화 속 장면 곳곳에는 80년대풍 사진관, 근대 일본식 가옥과 술집, 오랜 세월을 보낸 중국요리집 그리고 철길마을 등 마치 타임슬립을 해야만 갈 수 있을 것만 같은 공간과 장소들이 등장한다.

그리고 군산 하면 떠오르는 것으로 단팥빵으로 유명한 이성당, 청주를 만드는 백화수복, 짬뽕이 기가 막힌 복성루 등을 잊어서는 안 된다. 그것뿐일까. 역사학자는 일제 강점기 당시 군수공장과 쌀 등 곡물 약탈의 역사를 떠올릴 것이며,

옛 추억을 간직한 군산의 모습

산업 현장의 일꾼은 과거 화려했던 현대중공업 군산조선소와 지엠대우 공장을 추억으로 삼을 것이다.

그렇다면 군산은 잠시 시간 여행을 만끽하는 낡고 오래된 도시일 뿐일까? 아니다. 모던라이프와 옛 정취를 잘 버무린, 도시 재생의 대표적인 로컬로 환골탈태했다. 40여 년 동안 목욕탕과 여관으로 사용되었던 건물이 게스트 하우스 후즈데어와 후즈넥스트로 변신했으며, 해방 이후 이곳에 주둔했었던 미군들이 자주 드나들던 웨스턴 바를 표방한 바bar 럭키 마케트가 있다. 또한 군산의 향토 기업이었던 백화양조의 정신과 기술은 계승하되 실험 정신을 더하여 만든 군주 막걸리 제조사 흑화양조와 프라이빗 목욕 공간인 모락SPA도 있다.

그 외에도 스페인 요리 전문점 돈키호테와 전통주 바 수

도시재생에 의해 재탄생한 군산의 가게들

복, 위스키 바 해무, 오코노미야끼 바 야끼끼, 보틀샵 우수수 등과 마주칠 수 있다. 이곳들 역시 외국인들이 자유롭게 오가던 과거 군산항의 개방성을 오마주한 것으로 보인다.

이러한 변화의 외피에서 '서울의 성수동스러운 카페와 술집들이 지방 도시에도 생겼다'는 정도의 만족감을 느낄 수 있다면 내피에서는 지역 중심 성장의 비결을 읽을 수 있다. 지방 소도시와 골목상권이 매력적인 공간들로 채워지면 소상공인 경쟁력 제고, 관광산업 활성화, 창조지구 조성, 인구 감소 지역 정주 여건 개선 등이 일어나기 때문이다. 골목길 경제학자 모종린 교수가 주장하는 한국경제가 취해야 할 재균형 rebalancing 전략의 핵심 즉 중앙 중심 성장에서 지역 중심

성장으로의 대전환과 맞닿은 거다.

  지역 소멸 위기는 어제오늘의 이야기가 아니다. 이제는 식상해진 옛스러운 관광지만 덜렁 남기고 어디서나 볼 수 있는 뻔한 아파트와 범용 상가가 있는 곳에 굳이 여행을 갈 이유가 있을까?

성과주의와 물질주의

　사람으로서 마땅히 해야 할 도리에 어그러지고 흉악한 것이 패악, 뒤떨어진 예전 그대로의 모습을 구태라 한다. 전자는 상식에, 후자는 변화에 반反한다.

　그런데 상식은 변화와 달리 고정된 상수값으로 여길 수 있는데 결코 그렇지만은 않다. 예를 들어, 회식조차 업무의 연장으로 강요되고, 개인적 발언이 소거된 회식 자리에서 상사의 말씀에 귀를 기울여 충성심 고양과 단합심 고취를 이뤄냈던, 과거 직장 문화는 현재의 직장인에게 상식이 아닌 패악이다. 현재의 상식으로서 '사람의 도리'는 공감과 인격 존중 그리고 더 나아가 개인의 자주 문화를 인정하는 데 있기 때문이다.

　이렇듯 상식이 바뀐 세상이다. 그래서 구태를 몰아내고자 하는 새로운 변화가 도처에서 펼쳐지고 있다. 내 주변의 지인과 페친(페이스북 친구)만 봐도 이러한 변혁을 모색하는 선지자들이 있다.

하나는 로컬 크리에이터의 활동이다. 이들은 자기 고장의 고유한 문화와 역사, 자연을 콘텐츠로 발굴하여, 경쟁력 있는 로컬 브랜드를 만드는 활동에 전념하고 있다. 이러한 노력과 결과물이 작금의 저출생, 인구 감소, 지방 소멸을 해소하는데 기여할 것이란 신념을 가지고 있으며, 다양한 소상공인 문화와 시스템이 거대 테크와 대기업 산업 인프라로 점철된, 현행 시장 경제와 공존이 가능한 미래의 먹거리가 될 것으로 믿고 있다. 그런데 지역 여행과 관광을 하는 소비자 다수에게 이러한 로컬의 노력과 변화는 아직까지 안중에 없다. 최근 경북 영양을 비하, 희화화한 유튜버들의 행각이 그 방증이다.

둘째로 한국스포츠혁신위원회의 움직임이다. 학교 체육, 엘리트 스포츠계의 자성적 변화를 시도하며, 선수단 규모와 성적보다는 올림픽의 본질적 의미와 엘리트 스포츠의 미래를 진지하게 논의하고, 선수들 역시 운동기계가 아닌 공부와 운동을 병행하여(학습권 보장) 사회인으로서 보편적 지성과 지력을 갖추게 하자는 것이 이들의 목표다.

5년 전 합숙소에서의 구타와 가혹 행위로 말미암아 스스로 생명을 거둔 트라이애슬론 최숙현 선수를 얼마나 기억할까? 이 사건은 단순히 잔학무도한 선배와 코치들의 상습적

폭력에 의한 것이 아닌, 과거 개발독재 시절부터 횡행했이던, 성과지상주의에 의거한 엘리트 스포츠 시스템이 낳은 패악이다.

사실 만국 평화를 도모하고자 했던 올림픽 정신의 자리에 스포츠 흥행 산업의 논리와 시스템이 장착된 지 오래다. 하지만 참가국 중 일부는 성과보다는 참가에 의의와 가치를 두는, 새로운 물결에 동참하고 있다. 하지만 형세는 다윗과 골리앗의 싸움이다. 권력과 영향력을 쥐고 있는 체육계 관료들과 과거 스포츠 영웅들은 아직도 국위선양을 국제 스포츠 대회 참여의 최고 가치로 여기고 있어서다. 팬들도 별반 다르지 않다. 후미진 곳에 은폐된 이들의 인권에는 아랑곳없이, 그저 스타의 멋진 퍼포먼스와 승리에 열광하고 즐기면 그만이다.

세 번째는 우리 사회의 소위 능력주의 meritocracy 와 소득의 양극화 문제에 대한 다양하고 날 선 비판이다. 단체보다는 몇몇 지성인의 명징한 음성과 필력이 진동한다. 이 사안은 앞서 로컬 문화, 엘리트 스포츠 체제 같은, 하나의 카테고리라기 보다는 좀 더 기저층에 해당하는 사회, 경제적 이슈로 접근되기도 한다.

중산층의 비중이 낮아지고 고소득층과 저소득층으로 소득 분포가 양분되는 현상이 소득의 양극화란 사실은 누구나 안다. 그런데 요즘 잘난 mz세대들, 그중에서 특히 예쁘고 잘 생기고 말 잘하는 것뿐만 아니라 공부(학벌), 운동(신체적 비주얼 포함), 취미(교양, 예술에 버금가는)에 이르기까지 못 하는 것 없는, 이 막강한 젊은 친구들이 과연 '그들만이 잘나서' 이렇게 팔색조의 매력을 갖춘 것일까.

다시 말해서, 능력주의에 대한 물음의 본질은 소득의 양극화에 따른, 상위 소득층의 공고한 시스템 내에서 이들 잘난 젊은이들이 양태 된 것은 아닌가 하는 거다. 더불어 그 능력의 간판이 일종의 지대추구로 이어진다는 점이다. 과거 SKY 학벌과 유사하다.

그들을 적게는 상위 5% 이내 많게는 20% 이내의 중산층 자녀에 준한다면 나머지 80%의 자녀들에게는 빽도 우산도 없다. 참혹한 사실은 그들 80%가 이것을 시스템의 문제로 인식하고 자각하지 못한다는 점이다. 그저 '각자도생'만이 살길이라 여긴다.

패악과 구태를 타도하자는 움직임은 앞서 말한 세 가지에만 국한되지 않을 것이다. 그러나 외부자인 나로서는 이런 변화를 모색하고 추구하는 이들 선구자들에게 그저 뜨거운 응원의 박수를 보낼 수밖에 없다. 그런데 안타깝게도 내 눈에는 그들의 고군분투가 각자 영역의 패악과 폐해에만 매달려 있는 듯 보인다. 사실 조금만 깊이 들여다보면, 로컬 소외와 서울 집중 문화, 엘리트 스포츠 성과주의, 양극화와 맞물린 능력주의라는 세 가지 모두가 전후 우리나라의 중흥과

책등이 굽어지도록 읽은 《한국의 능력주의》

선진 개발을 떠받친 '빨리빨리 세계관'에서 비롯된 것이기 때문이다. 결국 획일화된 잣대에 따른 서열화된 비교 문화라는 뿌리가 공통으로 자리 잡고 있는 셈이다. 우리 모두가 다 알지만 쉽게 고치지 못하는 고질병이다.

서열화된 비교 문화에서의 획일화된 잣대는 물질주의다. 과거 황금만능주의라 불렀던 말이다. 그 근원적 뿌리를 뽑아낼 해법이 있을까? 나의 얕은 생각을 잠시 읊어본다. 물질주의적 사고방식을 버리고, 개인의 사유와 다양성의 가치가 존중되는 문화를 창출하지고 100번 외쳐 봤자 소용없다. 계몽의 시대는 끝났기 때문이다.

그러한 변화된 행동이 나의 삶에 직접적으로 어떤 선하고 긍정적인 영향력을 발휘하는가를 몸소 경험해 봐야 설득을 얻을 수 있고, 만인에게 공감을 살 수 있다고 믿는다. 그렇다면 마땅히 해야 할 양심에 호소하는 방법이 아니라 이렇게 하니 "내게 이득이 되네?"를 느끼는 전략과 방법. 근원적 발본색원을 꾀하는 이들이 함께 고민하면 나올 법도 한데 말이다.

케이팝 훔치기

 만약 누군가 나에게 최고의 록 아티스트를 묻는다면 가차 없이 대답할 것이다. 영국의 전설적인 록 밴드 레드 제플린을! 이들을 군계일학으로 여기는 이유는 지미 페이지의 강렬한 기타 리프와 존 본햄의 우뢰와 같은 드럼 타격, 존 폴 존스의 클래식한 베이스와 건반 그리고 로버트 플랜트의 카리스마적 보컬 때문만이 아니다. 이들의 모든 앨범을 들어보면, 우리가 흔히 생각하는 유형의 록 음악 안에 블루스, 포크, 하드록 등 다양한 장르를 녹여내거나 실험적인 사운드를 추구했음을 알 수 있기 때문이다.
 마찬가지로 비틀스, 롤링 스톤스, 딥 퍼플, 블랙 사바스, 더 후, 핑크 플로이드, 퀸 등 1960~1980년대를 풍미한 걸출한 록 밴드는 죄다 영국 출신이다. 그런데 사실 따져 보면 록의 기원은 미국이다. 1950년대 미국에서 흑인의 블루스와 백인의 컨트리 음악이 융합하며 탄생했기 때문이다. 로커빌리,

로큰롤이란 장르가 그 출발점이었다. 이후 보수적인 미국 사회 분위기 속에서 로큰롤은 급격히 쇠퇴했는데, 동시에 영국의 젊은 세대들은 그들의 하위문화에서 이를 흡수했다.

리버풀 같은 항구 도시를 중심으로 성장한 영국 밴드들은 스키플과 블루스를 혼합한 자신만의 록 사운드를 만들어 냈고, 그 정점에서 비틀스와 롤링 스톤스는 미국 시장을 역으로 침공한다. 1960년대 중후반에 일어난 이른바 'British Invasion'은 록의 글로벌화를 상징하는 대서사시였다. 즉 미국에서 시작된 록은 영국에서 재창조되었고, 결국 미국 시장을 중심으로 세계가 함께 부르는 언어가 된 것이다.

흑인 음악 역시 유사한 궤적을 가진다. 1940~50년대에 흑인음악은 빌보드 차트에서 '레이스 레코드Race Records'라는 이름으로 분류되었다. 그러다가 음악적 감성과 문화가 인정받자 1969년에 '소울뮤직Soul Singles'으로 명칭이 바뀐다. 이후 힙합과 현대 R&B가 등장하면서 장르명은 'Hot R&B/Hip-Hop Songs'로 통합되었고, 흑인의 목소리는 더 큰 무대에서 다양한 형태로 울려 퍼지게 되었다. 하지만 과거와 달리 R&B는 더 이상 '흑인만의 음악'으로 국한되지 않으며, 감성은 계승하되 표현은 수많은 문화와 장르 속에서 변주되고 있다.

이렇듯 음악은 정체성과 경계의 언어이자, 시대와 감정이 만나 흐름을 이루는 문화의 파도다. 그런데 음악이 한 사회, 한 민족을 넘어 확장될 때 우리는 종종 '원조'를 따지며 '누구의 것인가'에 집착한다. 최근 넷플릭스에서 <케이팝 데몬 헌터스>의 인기가 세계를 강타하니 또 이런 일이 벌어지고 있다. '남의 나라 좋은 일 시켜주고 있다'라거나 '이제 케이팝을 뺏길지도 모르니 단단히 정신 차려야 한다'는 등의 분통 어린 심정으로 말이다. 같은 논리라면 로커빌리 장르의 대표적 가수인 버디 홀리가 비틀스를 비난하는 것이, 로커빌리 장르의 토대를 만든 흑인 블루스 아티스트들이 백인인 버디 홀리를 '우리 음악을 훔쳐 간 놈'으로 규정하는 것이 온당해야 한다. 그런데 정말 그렇게 생각하는 사람이 있을까?

곧 음악은 결코 하나의 색으로 머무르지 않는다. 이러한 흐름을 '혼종성 hibridity'이라는 개념으로 설명할 수 있다. 음악은 늘 섞이고, 겹쳐지고, 새로워진다. 그 과정에서 본질을 잃는 게 아니라, 되려 더 깊어지고 강해진다. 문화가 교차하고 표현이 유동적인 오늘날, '빼앗겼다'거나 '정통성이 사라졌다'는 시선은 음악의 자연스러운 진화와 그 가능성에 눈을 감는 태도이자 통찰 없는 좁은 시야의 관점이며, 경계와 원조를 고집하는 의식은 음악이라는 예술의 본질과 어긋난다.

케이팝도 같은 흐름 위에 있다. 한국에서 시작된 이 장르는 뛰어난 퍼포먼스, 세계적 감성, 디지털 콘텐츠의 전략적 접목으로 세계의 주목을 받았다. 그리고 지금은 다국적 멤버, **글로**벌 팬덤, 언어와 감성의 다양화를 품은 혼종적 콘텐츠로 재구성되고 있다. 이 과정에서 케이팝은 점점 '한국만

전설의 록그룹 레드 제플린의 live 모습 (김지수 그림)

의 음악'이 아니라 '한국적 시스템과 감성이 기반이 된 글로벌 음악 장르'로 자리매김하고 있다.

언젠가 케이팝은, 록이나 R&B처럼 누구나 인정하는 하나의 장르로 완전히 정착할 것이다. 특정 국가나 민족의 음악이라는 틀을 벗어나 세계인의 감성과 표현을 끌어안는 하나의 언어가 될 것이다. 혼종성은 그 과정의 핵심이며, 정체성의 훼손이 아닌 확장이다. 우리는 지금 그 진화의 한복판에 서 있다. 음악은 결코 빼앗기는 것이 아니다. 다만 흐르고, 연결되고, 새롭게 태어날 뿐이다.

애호를 즐기며 그럭저럭 사는 인생을 위하여

근근이 벌어먹고 살기

1997년에 발표된 고(故) 마광수 교수의 《한국에서 살기》란 시에서는 한국에서는 어떻게 살든 간에 결론은 '근근이 살기'라 토로한다. '근근이'는 아등바등, 어렵사리 겨우 등의 말과 유사하다. 요즘 말로 '평타'만도 못한 것이다. 마 교수가 이 시를 쓴 동기다.

그리고 25년이 흐른 2023년에 '마인드 마이너' 송길영 작가는 그의 저서 《시대예보》에서 세 가지를 말했다. 첫째, 오래된 것들의 힘이 발현되는 때가 오고 있다. 둘째, 개인의 취향이 매우 중요해진다. 셋째, 근근이 벌어먹고 살아가는 시대가 온다. 이 중 세 번째에 주목하자면, 미래를 다룬 영화에 자주 등장하는 암울한 디스토피아가 언뜻 떠오른다. 그러나 작가가 말하는 근근이 사는 삶은 자기의 '애호'를 찾고 그것이 비슷한 사람들이 커뮤니티를 형성하여 큰 욕심 없이 그럭저럭 살아가는 인생을 말한다. 즉 여기서 '근근이'의 의미는 '어렵사리'가 아니라 '그럭저럭'이라는 긍정적 의미로 쓰였다.

25년 전 시인 마광수는 '개성이 없어서' 근근하게 산다고 했는데 미래에는 '개성이 넘쳐서' 근근한 삶을 산다니 참 아이러니하다. 책은 그 이유를 수명 연장과 기계 문명의 발달에 둔다. 혁신적인 인공지능이 인간 노동의 많은 부분을 감당해 주니 수명도 늘어난 인류는 그만큼 잉여 시간이 많아진다는 것이다. 재미있는 가설이다. 그런데 지금 시점에서도 이런 삶을 자행하는 이들이 적잖이 있다. 혼자 사는 이들 혹은 자식이 없는 부부나 동거 커플 같은 인구 집단에 주로 포진한다.

이들이 애호를 즐기며 그럭저럭 사는 이유는 무엇일까. 송 작가의 주장과 흡사하다. 좀 적게 벌더라도 획일화된 세속에 얽매이지 않고 내가 주체적으로 하고 싶은 일을 즐기면서 살기를 간절히 바라기 때문이다. 그런데 작가의 말대로 미래에 기술적 진보로 인간들이 많은 노동에서 해방되어 이러한 삶을 선택할 환경이 생길지는 의문이다. 대학 수가 줄어도 여전히 명문대 경쟁률은 변함없을 것이며, 인구가 준다고 해도 모두가 선호하는 최고 기업의 입사 문턱이 낮아질 리 없는 것과 같은 이치이다.

서구 선진국 중 일부 국가처럼 자본주의 체제에 사회주의적 복지시스템을 잘 반영하여 은퇴 후 경제적 빈곤에 처하지 않게 한다면 모를까. 미래에 인공지능의 도약적인 발전이 이루어져 많은 직업이 사라진다는 것에는 쓸모가 없어진 많은 이들이 생계의 위협에 맞닥뜨린다는 것 그리고 반대로 누군가 혹은 소수 그룹의 사람들만이 엄청난 부를 획득하는 경우도 생각할 수 있어서다. 따라서 작가의 이런 예측은 인간의 노동을 대체하는 기술적 혁신이 일어난 세상에서 모두가 미소를 짓고 개인의 취향을 만끽하는, SF소설에서나 볼 수 있는 유토피아적 상상력처럼 막연해 보인다.

몇 해 전, 《가구, 집을 갖추다》라는 책을 낸 적이 있다. 이 책에서 하고 싶었던 말은 '내가 사는 집에 관심을 가지며 잘 꾸미고 관리한다는 것은 나만의 작은 문명을 만드는 일이자 개인이 주체가 되는 문화를 누리는 것'이라는 것이다. 이는 선진국 수준의 경제 발전을 이룬 국가에서 경제적 부와 사회적 위치 같은 서열과 잣대에 휘둘리지 않고 자기 스타일을 갖춰 사는 시민의 삶이 전제될 때 가능하다. 다시 말해서, 미래에 다수의 사람이 각자의 애호를 즐기며 그럭저럭 벌어먹는 삶을 살기 위해서는 인공지능의 발달보다 정치·경제 시스템과 사회, 문화 의식의 변혁이 선행되었을 때 가능할 것으로 생각한다.

관련하여 꽤 오래전이지만 재미있는 일화가 있었다. L 사의 리빙 파트 본부장과 미팅을 하던 중 막간을 이용하여 나누었던 대화이다.

"더플레이스THE PLACE같은 럭셔리 리빙 브랜드는 수입하면서 왜 더콘란샵The Conran Shop이나 해비타트HABITAT(더콘란샵 자매 브랜드로써 그보다 조금 낮은 가격대의 리빙셀렉샵)는 유치를 안 하시죠?"

이에 대한 그의 대답이 흥미로웠다.

"안 하긴요, 엄청나게 했죠. 그런데 그쪽에서 뭐라고 하는지 아세요? 해비타트는 '백화점 한 층을 고스란히 채워 주면 하겠다' 그리고 더콘란샵은 '당신네 나라 GDP가 3~4만 불 정도 되는 시점에 다시 찾아오라'라고 하더군요. 허, 참!"

보는 시각에 따라서는 그들의 대답이 상당히 오만하고 거만하게 느껴질 수 있겠다. 그런데 그 말의 의미를 곱씹어 보면 이해가 안 갈 것도 없다. 콘란의 주요 타깃층은 상위 중산층에 맞춰진 것이며, 고가의 가구와 리빙 제품을 지불할 수 있는 경제력 능력뿐만 아니라 디자이너 제품들의 가치를 알아볼 수 있는, 리빙 문화에 대한 안목을 갖춘 수요층이 아직 한국에는 부족하단 것을 꼭 짚어준 것이기 때문이다.

그리고 2019년 콘랍샵은 L 사를 통해 들어왔으며 당시 GDP는 이미 3만 불을 넘은 시기였다. 약속을 지킨 셈이다.

여기서 궁금증이 생겼다. 더콘란샵의 가구를 살 수 있는 상위 중산층 계급은 도대체 근로 소득 상위 몇 프로의 사람들일까? 젊은 중산층 세대의 가구를 만드는 나 역시 그 실체를 정확히 모르겠으니 말이다.

사회학자 조형근 선생의 얼마 전 칼럼에서는 '연봉 1억 원을 벌면서 자신이 중산층도 못 되는 서민이라고 여긴다'는 대학 교수의 자의식이 정말로 기묘하다고 했다. 연봉 1억 원이면 2024년 기준으로 근로 소득자 상위 7% 이내의 고소득자이다. 물론 학교, 지역 그리고 업력(조교수에서 정교수까지)에 따라 편차가 있는 편이기는 하다. 손꼽히는 대기업의 부장급은 이보다 조금 더 버는 1억 5천만 원 미만의 연봉을 받는 것으로 안다. 그리고 임원들은 (인센티브에 따라 달라지겠지만) 그 이상일 것이며 더 나아가 이른바 전문직들은 더욱 그 이상일 것이다.

그런데 내가 아는 그들, 그러니까 근로 소득이 5% 이내에 드는 이들 중에도 더콘란샵에서 파는 명품 가구에 대해 아예 모르거나 집의 가구 중 소파 하나 정도만 프리미엄 가구일 뿐 나머지 가구들은 좀 평범한 브랜들인 경우가 많았다. 결국 대한민국에서 더콘란샵 가구를 사는 주류 계층은 30~40%의 세금을 떼도 최소 2천만 원 안팎의 급여가 달마다 통장에 꽂히는 사람들도 아니고 상위 중산층도 아니다. 원래 가진 (혹은 상속된) 재산이 많고 일정 수준의 문화 안목을 가진, 경제 자본과 문화 자본을 거머쥔 준상류층이 전반을 차지할 테다. 그리고 큰 자산과 급여와는 무관하나 가구의 물성과 디자인적 가치를 탐닉하는 일부 덕후들이 부분을 이루지 않을까 추측해 본다.

물질주의를 지향하는 대한민국

전후 1953년부터 작금의 2025년까지 70여 년의 시간이 지나는 동안 우리의 식탁은 바뀌었다. GDP 성장률에 따라 배고픈 밥상은 사라지고 식탁 위에는 개인의 취향이 오롯이 담긴 음식들이 오르게 된 것이다.

이를 리커르트 척도에 빗대자면, '몹시 배고프다, 배고프다, 굶지는 않지만 양껏 먹고 싶다, 다양한 것을 먹고 싶다, 내 취향에 맞는 것을 골라 먹고 싶다'의 순으로 진화된 것으로 볼 수 있다. 기본적인 의식주만 존재했던 라이프스타일의 진자에 휴미락休美樂이 더해지면서 진동의 폭이 커지니 새로운 트렌드와 문화가 가세하고 엮이면서 다양성이 생겨났고 그중 내 취향을 고를 수 있는 소비를 하게 된 것이다.

그런데 현재 우리 사회 전반의 모습을 살펴보면 소비문화에서는 자기 취향을 찾은 듯하나 학업이나 직업 같은 밥벌이와 직결되는 부분에서는 아직도 자기 주도적 지향성이 요원하다. 한국적 삶에 있어서 최우선 순위가 물질적 풍요로움

몹시 배고프다	배고프다	굶지 않지만 많이 먹고 싶다	다양한 것을 먹고 싶다	내 취향대로 골라먹고 싶다
1950 1960	1970 1980	1990 2000 1만불	2010 2만불	2020~ 3만불

시대에 따른 한국 소비문화의 변천(김지수 작성)

이라 생각하기 때문이다.

나름 근거가 있다. 2021년에 미국 여론 조사 기관인 퓨리서치센터 Pew Research Center가 발표한 '삶의 의미' 조사 결과에 따르면, 17개 경제 선진국 중 유일하게 대한민국만 '삶을 의미 있게 만드는 것 What Makes Life Meaningful'에 대한 답변으로 '물질적 풍요 material well-being'를 1순위로 꼽았다. 17개국 중 다수인 14개국(호주, 뉴질랜드, 그리스, 캐나다, 미국, 독일 등)이 '가족'을 1순위로 꼽은 것과 사뭇 달랐고 나머지 두 개의 국가는 건강 health과 사회 society를 택했다. 한 마디로 우리나라야말로 물질주의를 신봉하는 최강국이 된 셈이다. (참고로 두 번째가 '건강'이고 '가족'은 세 번째였다)

여타 세대와 달리 능동적 삶의 태도 속에서 자기 스타일을 고집하는 MZ세대가 부상하고 있는 대한민국 사회를 잘못 해석한 것은 아닐까도 생각해 봤다. 그래서 2023년도 한국고용정보원의 '현재 우리의 직업 선택에 있어서의 가치는?'이란 조사 결과를 보았다.

결과는 일과 삶의 균형(4.23), 직업안정(4.09), 경제적 보상(4.07), 자기 계발(3.93), 성취(3.91), 자율성(3.59), 사회적 인정(3.54), 사회적 공헌(3.42), 변화 지향(3.33) 순으로 나왔다. 주목할 만한 점은 10대에서 40대까지는 모두 일과 삶의 균형(이른바 워라벨)을 1순위로, 50~60대는 직업 안정을 1순위로 정한 부분이다. 세대 간 이렇게 극명한 차이가 나는 이유는 각 세대의 시대 환경이 달랐기 때문으로 유추된다.

장유유서, 선공후사, 불도저 정신 등으로 대변되는 공동체 중심의 집단 문화는 기성세대의 삶에서 매우 중요한 가치였다. 배고픈 시절이었기에 모두가 굶지 않기 위해서는 나라가 부강해지는 경제 성장이 절실했기 때문이었다. 반면 개성, 자기표현, 삶의 질, 다양성, 기회의 공정성 등으로 위시되는 자기 주도적 개인주의문화는 요즘 세대의 원동력이다. 이른바 경제문제가 해결된 선진국에 살기 때문이다. 그렇다면 구세대가 사라질 경우 물질주의를 지향하는 대한민국에 변혁이 찾아올까?

그렇게 쉽게 답할 문제가 아니라고 본다. 젊은 세대가 고수하고 있는 자기 개성과 취향은 단지 대중 소비 영역에서 이루어지기 때문이다. 즉 국가 전체의 부가 상승하니 소비할 품목이 풍요로워져서 선택의 여지가 생겼을 뿐 기성세대가

	1st choice	2nd	3rd	4th	5th
Australia	Family	Occupation	Friends	Material well-being	Society
New Zealand	Family	Occupation	Friends	Material well-being	Society
Sweden	Family	Friends	Friends	Material well-being/Health	
France	Family	Occupation	Health	Material well-being	Friends
Greece	Family	Occupation	Friends	Health	Hobbies
Germany	Family	Occupation/Health		Material well-being	General Positive
Canada	Family	Occupation	Material well-being	Friends	Society
Singapore	Family	Occupation	Society	Material well-being	Friends
Italy	Family/Occupation		Material well-being	Health	Friends
Netherlands	Family	Material well-being	Health	Friends	Occupation
Belgium	Family	Material well-being	Occupation	Health	Friends
Japan	Family	Material well-being	Occupation/Health		Hobbies
UK	Family	Friends	Hobbies	Occupation	Faith
U.S.	Family	Friends	Material well-being	Occupation	Health
Spain	Health	Occupation	Occupation	Family	Society
South Korea	Material well-being	Health	Family	General Positive	Society/Freedom
Taiwan	Society	Material well-being	Family	Freedom	Hobbies

2021년, 퓨리 서치 센터가 발표한 '삶의 의미' 조사 결과(출처: https://www.pewresearch.org)

추구한 빨리빨리 문화나 서열주의, 물질주의는 사실 어느 세대에나 존재하고 공유된다. 여전한 의대 광풍과 SKY서성한 중경외시, 휴거, 빌거, 개근거지 등의 저속한 신조어들의 횡행이 이를 방증한다.

다수가 이러한 삶을 지향하지만 무언가 잘못되었다는 것은 잘 안다. 각자도생의 경쟁에서 살아남은 승자는 소수라서 다수의 패자가 쓰디쓴 존재의 상실감과 참혹한 열패감을 맛보기 때문이다.

해법은 무엇일까? '물질적 풍요'보다 '가족'이 삶을 더 의미 있게 만드는 것이라 생각한 다른 14개 선진국을 연구하면 될까? 아니넌 사회 일원들이 각자 깨달음을 얻어 구심점이 되고 그 점이 모여 선이 되고 면으로 확장되어 가치를 널리 공유하게 되면 가능할까? 그것도 힘들다면 유능한 지도자가 나와 사회 전반을 개혁하면 가능할까?

2025년도 KAIST 입학식에서 신입생 대표 연설을 맡은 백서윤 학생이 "진정한 과학자는 답이 정해진 문제를 푸는 사람이 아니라 아무도 묻지 않은 질문을 던지는 사람"이라며 "그런 질문을 탐구할 수 있는 곳이 KAIST라 생각한다"라는 발언을 했다는 기사를 접했다. 그래서 이런 상상을 해본다.

차기 대통령 선거에서 "진정으로 행복한 나라는 답이 정해진 문제를 잘 푸는 순서대로 사람들이 부와 지위를 누리는 곳이 아니라 아무도 생각하지 못한 창의력을 발휘하면서 자기 애호를 즐기는 사람들이 넘치고 인정받는 사회라 생각한다"라며 "그런 세상을 만들어보겠습니다"라고 말할 대선 후보자를 볼 수 있기를 말이다.

이 꿈 같은 소리가 현실이 되었으면 한다.

에필로그

모든 감각은 결국 기억을 호출한다. 어떤 향기에서 과거의 풍경이 떠오르고, 어떤 맛에서 익숙한 감정이 되살아나는 이유이다. 소비는 그런 감각의 통로가 되고, 취향은 그 감각을 분류하고 재배열하는 도구가 된다. 그렇게 모인 감각은 곧 안목이 되고, 안목은 다시 삶의 논리가 된다. 우리는 이렇게 끊임없이 자신만의 감각 체계를 구축해 간다.

결코 단순한 과정은 아니다. 개인의 감각은 어떤 시대에, 어떤 사회에서, 어떤 환경에서 자라났는지에 따라 달라지는 까닭이다. 동시에 그 기준들과 대화하고, 때로는 저항하면서 개인만의 고유한 감각을 만들어 간다. 오늘날, 당신의 감각은 어떤 언어를 말하고 있는가?

현대 사회는 우리에게 무한한 선택지를 제공한다. 어떤 브랜드를 선택할지, 어떤 라이프스타일을 추구할지, 어떤 가치를 우선시할지. 이 모든 선택 앞에서 우리는 때로 압도당한다. 하지만 그 선택들 하나하나가 우리의 감각을 만들어 간다. 그리고 그 감각이 다시 우리의 선택을 이끈다.

따라서 소비 사회에서 살아가는 우리에게 감각은 단순한 자극이 아니라 생존의 도구다. 무엇이 진짜이고 무엇이 가짜인지, 무엇이 가치 있고 무엇이 그렇지 않은지를 구분하는 능력이 곧 감각이다. 그리고 이 능력은 타고나는 것이 아니라 만들어지는 것이다. 경험을 통해, 실패를 통해, 끊임없는 시행착오를 통해 길러진다.

이 책을 통해 감각해 온 것들—술, 영화, 거리, 도시, 책과 음악—그 모든 조각들을 다시 들여다 보며 삶의 결을 읽어보려 했다. 자극을 넘어선 의미, 편안함을 넘어선 질문, 익숙함을 넘어선 인식을 탐구했다. 때로는 자신의 감각을 의심하기도 한다. 내가 좋아하는 것이 정말 좋은 것일까? 내가 아름답다고 생각하는 것이 정말 아름다운 것일까? 이런 의심은 감각을 더 예리하게 만든다. 확신과 의심 사이에서 균형을 잡으며 자신만의 기준을 세워 간다. 감각은 우리를 끊임없이 안팎으로 흔들며, 그 진동 속에서 우리는 더 섬세해지고, 더 깊어지고, 더 넓어진다.

'무엇을 살 것인가'가 아니라, '무엇을 느끼며 살아갈 것인가'라는 질문 앞에 이른 지금, 우리는 취향을 다시 정의해야 한다. 그것은 타인의 시선을 위한 외피가 아니라, 스스로의 내면을 해석하는 언어여야 한다. 진정한 취향은 남에게 보여

주기 위한 것이 아니라, 자신을 이해하기 위한 것이다.

이 책이 다루는 것은 결국 '나다움'에 대한 이야기다. 무엇이 나를 나답게 만드는가? 어떤 감각이 나를 살아있게 만드는가? 어떤 경험이 나를 더 풍요롭게 만드는가? 이런 질문의 답을 찾아가는 과정이 곧 취향을 만들어 가는 과정이다. 취향을 통해 자신을 살피고, 감각을 통해 세상을 읽을 수 있다. 이 책이 그러한 탐구를 시작한 이들에게 작은 참고서가 되기를 바란다. 그리고 무엇보다, 그 감각이 누군가의 삶을 더 단단하고 매력적으로 만들어주기를 바라며 각자의 감각 언어를 발견하고, 그 언어로 자신만의 세계를 만들어 가는 모든 이들에게 이 책을 바친다.

감각은 개인적인 것이지만 동시에 보편적이다. 우리는 각자 다른 감각을 가지고 있지만, 그 감각을 통해 서로를 이해하고 소통한다. 이 책이 그런 소통의 다리가 되기를 희망한다. 마지막으로 묻는다. 당신의 감각은 어떤 언어를 말하고 있는가? 그 언어로 어떤 세계를 만들어 가고 있는가?

마지막으로 감사의 말을 더한다. 이 책은 출판사 포르체의 박영미 대표가 건넨 "책 내시죠?"라는 짧지만 인상적인 제안에서 비롯되었다. 몇 해 전 《가구, 집을 갖추다》라는 리빙문화 관련 도서를 출간한 뒤로 네이버 프리미엄 콘텐츠와 페이스북을 통해 트렌드, 예술, 문화, 술, 음악, 영화, 서적

등 다양한 주제의 글을 꾸준히 써 왔는데 그 잡문을 예사롭지 않게 바라본 박 대표의 통찰이 이번 출간의 계기가 되었던 셈이다. 그 후, 흩어져 있던 글들은 하나의 기획 아래 재구성되고 다듬어지며, 각기 다른 주제를 품은 하나의 가족처럼 엮여졌다. 번역과 편곡이 제2의 창작이라면, 출간을 위한 기획과 편집 역시 결코 가볍지 않은 창조적 과정이다. 유나 팀장님의 섬세한 조율이 없었다면, 이 책은 지금의 모습으로 환골탈태하지 못했을 것이다. 이 자리를 빌려 두 분께 깊은 감사의 마음을 전한다.

그리고 언제나 내게 글쓰기와 인문학의 숭고함을 일깨워주는 병근 형에게도 고마움을 전하며, 나의 아내 혜원과 아들 민이에게도….

감각 자본

초판 1쇄 발행 2025년 9월 17일

지은이	김지수
펴낸이	박영미
펴낸곳	포르체

책임편집	유나
마케팅	정은주 민재영
디자인	황규성

출판신고	2020년 7월 20일 제2020-000103호
전화	02-6083-0128
팩스	02-6008-0126
이메일	porchetogo@gmail.com
인스타그램	porche_book

ⓒ 김지수(저작권자와 맺은 특약에 따라 검인을 생략합니다.)
ISBN 979-11-94634-54-6 (03810)

- 이 책은 저작권법에 따라 보호받는 저작물이므로 무단전재와 무단복제를 금지하며, 이 책 내용의 전부 또는 일부를 이용하려면 반드시 저작권자와 포르체의 서면 동의를 받아야 합니다.
- 이 책의 국립중앙도서관 출판시도서목록은 서지정보유통지원시스템 홈페이지 (http://seoji.nl.go.kr)와 국가자료공동 목록시스템(http://www.nl.go.kr/kolisnet)에서 이용하실 수 있습니다.
- 잘못된 책은 구입하신 서점에서 바꿔드립니다.
- 책값은 뒤표지에 있습니다.

여러분의 소중한 원고를 보내주세요.
porchetogo@gmail.com